Françoise Benhamou

L'économie de la culture

CINQUIÈME ÉDITION

W0001938

9 *bis*, rue Abel-Hovelacque
75013 Paris

Catalogage Électre-Bibliographie

BENHAMOU, Françoise
L'économie de la culture. — 5e éd. — Paris : La Découverte, 2004. — (Repères ; 192)
ISBN 2-7071-4410-X

Rameau :	économie de la culture industries culturelles politique culturelle
Dewey :	338.4 : Économie de la production. Économie des services. Secteur tertiaire
Public concerné :	1er et 2e cycles. Public motivé

Le logo qui figure au dos de la couverture de ce livre mérite une explication. Son objet est d'alerter le lecteur sur la menace que représente pour l'avenir de l'écrit, tout particulièrement dans le domaine des sciences humaines et sociales, le développement massif du photocopillage.

Le code de la propriété intellectuelle du 1er juillet 1992 interdit en effet expressément la photocopie à usage collectif sans autorisation des ayants droit. Or, cette pratique s'est généralisée dans les établissements d'enseignement supérieur, provoquant une baisse brutale des achats de livres, au point que la possibilité même pour les auteurs de créer des œuvres nouvelles et de les faire éditer correctement est aujourd'hui menacée.

Nous rappelons donc qu'en application des articles L. 122-10 à L. 122-12 du Code de la propriété intellectuelle, toute reproduction à usage collectif par photocopie, intégralement ou partiellement, du présent ouvrage est interdite sans autorisation du Centre français d'exploitation du droit de copie (CFC, 20, rue des Grands-Augustins, 75006 Paris). Toute autre forme de reproduction, intégrale ou partielle, est également interdite sans autorisation de l'éditeur.

Si vous désirez être tenu régulièrement informé de nos parutions, il vous suffit d'envoyer vos nom et adresse aux Éditions La Découverte, 9 *bis*, rue Abel-Hovelacque, 75013 Paris. Vous recevrez gratuitement notre bulletin trimestriel **À la Découverte**. Vous pouvez également retrouver l'ensemble de notre catalogue et nous contacter sur notre site **www.editionsladecouverte.fr**.

© Éditions La Découverte & Syros, Paris, 1996, 2000, 2001.
© Éditions La Découverte, Paris, 2003, 2004.

Introduction

Alfred Marshall écrivait en 1891 (*Principles of Economics*, tome 1, p. 391) : « Il est impossible d'évaluer des objets tels que des tableaux de maître ou des monnaies rares, puisqu'ils sont uniques dans leur genre, n'ayant ni équivalent ni concurrent. [...] Le prix d'équilibre des ventes [de ces objets] relève beaucoup du hasard ; toutefois un esprit curieux pourrait retirer quelque satisfaction d'une étude minutieuse du phénomène. » Peu d'économistes se sont intéressés à l'art ou à la culture. S'il leur est arrivé de le faire parfois, c'est moins en tant qu'économistes qu'au titre de leurs inclinations pour l'art. Pourtant, les quelques réflexions que certains consacrent, comme par accident, à l'économie de l'art ont permis de poser les jalons d'une approche du domaine.

Pour Adam Smith ou David Ricardo, la dépense pour les arts relève de l'activité de loisirs, et ne saurait contribuer à la richesse de la nation. Smith voit la culture comme le domaine par essence du travail non productif : « Leur ouvrage à tous [les travailleurs non productifs], tel que la déclamation de l'acteur, le débit de l'orateur ou les accords du musicien, s'évanouit au moment même où il est produit. » (Livre II, chap. 3.) Il souligne toutefois le caractère particulier du travail artistique qui nécessite des investissements longs et coûteux ; ainsi écrira t-il : « L'éducation est encore bien plus longue et bien plus dispendieuse dans les arts qui exigent une grande habileté [...]. La rétribution pécuniaire des peintres, des sculpteurs, des gens de loi et des médecins doit donc être beaucoup plus forte. » (Livre I, chap. 10, section 1). La rémunération de l'artiste reflète le coût de l'investissement que son travail a exigé. Smith reconnaît, certes implicitement, les effets externes (le terme n'est pas employé) de cette dépense : « [...] Si l'État encourageait, c'est-à-dire s'il laissait jouir d'une parfaite liberté tous ceux qui, pour leur propre intérêt, voudraient essayer d'amuser et de divertir le peuple, sans scandale et sans indécence, par des peintures, de la poésie, de la musique et de la danse, par toutes sortes de spectacles et de représentations dramatiques, il viendrait aisément à bout de dissiper dans la majeure partie du peuple cette humeur sombre et cette disposition à la mélancolie qui sont presque toujours l'aliment de la superstition et de l'enthousiasme. » (Livre V, chap. 1, section 3).

Plus tard, Alfred Marshall reconnaît : « La loi qui fait que plus on écoute de la musique, plus le goût pour celle-ci augmente » : il ouvre la voie à l'analyse des consommations artistiques qui constituent une exception à la théorie de la décroissance de l'utilité marginale. Le bien-fondé d'une approche économique de la culture est négligé par John Maynard Keynes, qui pourtant n'hésite pas à prendre le contrepied des méthodes qui pouvaient prévaloir en son temps. Collectionneur avisé d'œuvres d'art, il arrive à convaincre le chancelier de l'Échiquier d'acheter des collections privées. Il contribue à ce que de grands mécènes, tel Samuel Courtauld, participent au financement d'une caisse de garantie d'un revenu pour des artistes dont la renommée encore balbutiante ne suffit pas à assurer de quoi vivre.

Sans que ne se dessine encore à proprement parler une analyse économique du secteur culturel, on voit progressivement émerger les concepts qui forment le socle de l'économie de la culture : effets externes, investissements longs, spécificité de la rémunération incluant un fort degré d'incertitude, utilité marginale croissante, importance de l'aide publique ou privée.

Les institutionnalistes américains s'attelleront à définir l'importance des arts dans la vie économique. Kenneth Boulding (*Ecodynamics : A New Theory of Social Evolution*, 1978) considère les arts comme un moyen de créer et de faire circuler l'information. John Galbraith (*Economics and the Public Purpose*, 1973) prévoit quant à lui que les arts sont appelés à prendre une importance économique croissante. Il regrette ce mouvement qui veut que l'on confie les décisions à des personnalités étrangères au milieu des artistes et des conservateurs, rappelant que les banquiers ont souvent péché par imprudence en matière de prêts et n'ont pas nécessairement de leçons à donner aux conservateurs sur la façon dont il convient de gérer une institution (« L'artiste et l'économiste. Pourquoi les deux doivent se rencontrer », conférence du 18 janvier 1983, Arts Council, Grande-Bretagne).

Mais ce seront surtout les travaux de William Baumol et de William Bowen sur l'économie du spectacle vivant, ceux de Gary Becker sur la consommation de biens dont le goût s'accroît au fil du temps, et ceux d'Alan Peacock et de l'école du *Public Choice* qui traceront les voies de la future économie de la culture. Celle-ci restera longtemps partagée entre les résultats contradictoires de ces travaux : tandis que Baumol et Bowen démontrent avec brio que l'économie culturelle est tributaire des subventions publiques, les seconds chercheront à renouer avec les paradigmes traditionnels de l'économie politique, Becker tentant de démontrer que les comportements culturels demeurent rationnels et maximisateurs, y compris en matière de consommation, et les derniers démontrant que la même rationalité pousse les administrations à s'octroyer des rentes, tandis que des groupes de pression s'attribuent les retombées de l'intervention publique.

L'économie de la culture s'est ainsi développée, étendant progressivement son territoire et ses méthodes, jusqu'à obtenir une reconnaissance institutionnelle dont témoigne la publication en 1994 d'un *survey* de David Throsby dans le *Journal of Economic Literature*. Trois facteurs ont contribué à cette reconnaissance : la mise en avant d'une propension à générer des flux de revenus ou d'emplois, le besoin d'évaluation des décisions culturelles et, au plan théorique, le développement de l'économie politique vers des champs nouveaux (économie des activités non marchandes, révision du présupposé de rationalité, économie des organisations, économie de l'information et de l'incertitude). L'économie de la culture devient un terrain privilégié de la vérification empirique d'avancées nouvelles ; elle emprunte ici ses grilles de lecture à la « nouvelle microéconomie ». Dès 1976, Mark Blaug écrit de manière prémonitoire : « Les économies de l'art constituent une sorte de terrain d'expérimentation de la pertinence des concepts économiques fondamentaux. »

La délimitation du champ de l'économie culturelle

Longtemps réduite au champ de l'art, dans la tradition anglo-saxonne, l'économie de la culture a ignoré les industries culturelles, considérant qu'elles relevaient du domaine de l'économie industrielle. Pourtant, les liens sont plus forts qu'on ne le croit entre les industries culturelles et les arts vivants ou les beaux-arts. Le rôle de vitrine promotionnelle que joue le spectacle vivant pour la musique enregistrée, les produits dérivés en tout genre issus de nos musées, l'importance de la création en amont des produits industriels, tout cela milite en faveur de la prise en compte des industries culturelles, cinéma, édition de livres et édition de disques, dans le champ de l'économie de la culture.

Quant à l'économie des médias (presse, radio, télévision), elle fut longtemps considérée comme un champ à part, avec ses modes de consommation et de distribution spécifiques (produits solidaires, achats indivisibles), pour des produits d'information, avant tout éphémères. Les rapprochements sont aujourd'hui multiples entre industries traditionnelles et médias, avec la constitution de groupes multimédias et la diffusion de nouvelles technologies qui redessinent complètement les séparations entre les supports.

Qu'ont alors en commun la fréquentation des beaux-arts et celle des salles de cinéma, la lecture et l'écoute de la musique ? Des modes de formation de la demande analogues, des inégalités de fréquentation qui épousent les lignes de clivage dessinées par d'autres inégalités sociales, et, à l'autre bout de la filière, en amont de la production des biens culturels, le travail d'un créateur, au cœur de la formation de la valeur. Parce que consommations et emploi permettent à la fois d'appréhender le poids de l'économie culturelle et de saisir des éléments de convergence et des grilles d'analyse communes aux différents secteurs de la culture, notre premier chapitre leur sera consacré ; on y trouvera les développements théoriques qui rattachent une partie de l'économie de la culture à la nouvelle microéconomie ainsi que quelques repères pour une analyse du droit des auteurs. Dans les trois chapitres suivants, nous étudierons l'offre : en premier lieu, l'offre de spectacle vivant, sans doute la plus spécifique (chap. II), puis celle des beaux-arts, depuis l'analyse des mouvements spéculatifs sur les marchés de l'art jusqu'à l'économie des musées et du patrimoine (chap. III). L'étude des industries culturelles, livre, disque, cinéma, nous conduira à constater la polarisation du marché entre de petites unités parfois éphémères et des groupes, dont les logiques de développement sont de plus en plus tournées vers les nouvelles technologies de l'information (chap. IV). Quel qu'en soit le domaine, l'intervention de l'État, fréquemment controversée, contribue à modeler l'offre et à infléchir la demande. Nous la rencontrerons tout au long de ce livre. Dans un dernier chapitre, nous en préciserons les fondements et les perspectives.

I / Les consommations et l'emploi

Les consommations culturelles domestiques (livres, équipements audiovisuels, disques, instruments de musique, entrées dans les cinémas, théâtres, concerts) se sont élevées aux États-Unis à 138,6 millions de dollars en 1995 [Vogel, 2001][1], soit 3 % des consommations totales. Pour les seuls spectacles (y compris les spectacles sportifs), Heilbrun et Gray [2001] évaluent la dépense à 5,04 % du budget des ménages américains en 1997. On estime le poids du secteur culturel en France à partir de ses sources de financement publiques et privées, soit, pour 2001, 12,9 milliards d'euros de dépenses publiques, 0,2 milliard de mécénat, et 34,1 milliards de dépenses des ménages (y compris la presse).

1. Les consommations

L'interprétation des enquêtes sur les pratiques culturelles fait appel à des concepts sociologiques et économiques, montrant qu'en ce domaine l'opposition traditionnelle entre les « explications faisant appel au collectif et les explications reposant sur l'individuel » [Boltanski et Thévenot, *Les Économies de la grandeur*, PUF, Paris, 1987] n'est pas pertinente : malgré le caractère privé de la consommation culturelle, le poids des déterminations collectives ne saurait être sous-estimé.

Des données à manier avec prudence

L'interprétation des statistiques de consommations culturelles doit tenir compte de l'imprécision des définitions des termes employés et

1. Les références entre crochets renvoient à la bibliographie en fin d'ouvrage.

des fluctuations dans le temps, ou, selon les enquêtes, des questions posées. Le budget culturel comprend cinq filières selon l'enquête Budget-familles de l'INSEE : l'image (dépenses afférentes à la télévision et au magnétoscope), le son (chaîne hi-fi, radio, disques, cassettes), l'écrit (livre non scolaire, presse), les sorties (cinéma, théâtre, musées, discothèques), les pratiques amateurs (photo, participation à des associations, pratique d'un instrument de musique). Les enquêtes menées par le ministère de la Culture en 1973, 1981, 1988 et 1997 dissocient l'information (presse-radio) du livre, mais accordent un statut culturel à la sortie au restaurant ou chez des amis. L'acception de « culture » est ainsi très large et s'applique à diverses formes de sociabilité aussi bien qu'à des consommations plus « cultivées ».

Les réponses aux questions posées sont tributaires de l'intériorisation de normes de comportement. Le décalage entre pratique déclarée et pratique effective n'est toutefois pas assez stable pour qu'une simple correction suffise. Les questions qualitatives (par exemple : quel genre de livres lisez-vous ?), sujettes à des interprétations divergentes suivant la personne interrogée, désignent des segments de l'offre très hétérogènes : par exemple, la « littérature » englobe les œuvres de Rilke comme les romans roses de la collection « Harlequin ».

Les comparaisons internationales sont enfin limitées par l'absence de coïncidence entre les années pendant lesquelles les enquêtes sont menées, entre les catégories socio-démographiques adoptées, et entre les définitions des pratiques désignées. En France, on regroupe les enfants de plus de 14 ans avec les adultes ; en Grande-Bretagne, le seuil est de 16 ans ; et en Espagne, il est fixé à 17 ans. La définition des activités culturelles varie selon les pratiques nationales et les représentations que s'en font les responsables des enquêtes ; les statistiques allemandes prennent ainsi en compte les pratiques musicales avec un luxe de précisions (genres de musique, instrument) ignoré en France, où l'on est plus attentif à l'affinement des données sur les genres littéraires. Certains pays n'enregistrent que des statistiques de fréquentation (par exemple, le nombre d'entrées au musée), dont l'accroissement peut aussi bien résulter de l'élargissement du public que de l'augmentation du rythme de fréquentation d'un public inchangé (Conseil de l'Europe, *Participation à la vie culturelle*, Documentation française, Paris, 1993).

Des profils socio-économiques quasi inchangés. — La consommation totale de biens et services culturels représente en 2001, selon l'INSEE, environ 4 % des dépenses des ménages, soit une part stable sur longue période, tirée vers le haut par les comportements des cadres et des membres de professions intellectuelles, dont les dépenses culturelles sont près de deux fois plus élevées que celles de la moyenne des Français.

Les consommations ont stagné ou régressé depuis 1981, à l'exception de la pratique musicale, qu'il s'agisse de sortir au concert, d'écouter de la musique chez soi ou de jouer d'un instrument. La lecture de livres décline chez les forts lecteurs (25 livres au moins dans l'année) et chez les jeunes (15-24 ans), tandis que la proportion de non-lecteurs demeure stable (un Français sur quatre). L'achat de livres, et notamment de livres pratiques et de guides, et la lecture de magazines augmentent en revanche, révélant la montée d'une lecture de consultation.

Contrairement aux idées reçues, cette chute ne semble pas due à l'accroissement du temps passé à regarder la télévision : de plus en plus de monde (45 % en 1997 contre 36 % en 1988 et 20 % en 1973) regarde la télévision vingt heures ou plus par semaine, mais les gros consommateurs de télévision ne lisent pas moins que la moyenne des Français.

Dépenses des ménages en produits et services culturels par domaine en 2001
(millions d'euros et %)

	Montant	%
Appareils son et image	6 004	22
Presse	5 589	21
Activités de télévision	4 650	17
Spectacles	2 996	11
Livres	2 833	10
Disques	1 695	6
Vidéos	1 598	6
Cinéma	942	3
Instruments de musique	449	2
Musées, monuments historiques, bibliothèques	383	1
Total	*27 139*	*99*

Source : INSEE/DEP.

On ne saurait toutefois dénier l'existence d'un lien entre la chute de la fréquentation des « salles obscures » en France et l'ouverture du paysage audiovisuel à des chaînes privées. Relativement stable dans les années soixante-dix, en hausse jusqu'en 1982, la fréquentation se dégrade rapidement : les entrées passent de 180 millions par an au début des années quatre-vingt à 120 millions environ après 1985. La chute tient à la réduction de la fréquentation des publics les plus assidus (jeunes surtout), qui vont au moins une fois par semaine au cinéma, et, dans une moindre mesure, des publics réguliers. Toutefois une reprise s'amorce dans les années 1990 et les entrées remontent à 175 millions en France en 2001. Quant à la fréquentation des théâtres, son caractère élitaire semble se renforcer et se conjuguer avec le vieillissement du public. À l'opéra, si toutes les classes d'âge sont représentées, le spectacle demeure réservé à de petits groupes de fidèles surdiplômés.

Les files d'attente devant quelques grandes expositions (un million et demi de visiteurs à l'exposition Barnes à Paris, en 1994) ne sauraient masquer l'inertie dans le temps des profils socio-économiques des usagers de la culture « cultivée » : les consommations s'accroissent avec le niveau socio-culturel et la taille des agglomérations.

Bien sûr, les clivages traditionnels se déplacent : le profil des clients du cinéma, loisir plus populaire, croit-on, se rapproche de celui des théâtres, la part la plus populaire de la clientèle s'étant reportée sur la télévision. Mais l'opposition entre culture élitiste et culture populaire persiste et se traduit par exemple par le choix des sorties ou des programmes.

Proportion de Français de 15 ans et plus qui sont allés au cours des douze des derniers mois

Années	1973	1981	1988	1997
Au musée	27	30	30	33
Visiter un monument historique	32	32	28	30
Voir une exposition [1]	19	21	23	46
Au théâtre	12	10	14	16
À l'opéra	3	2	3	3
Voir un spectacle de danse	6	5	6	8
À un concert (variétés, rock, jazz)	16	20	23	19
À un concert (musique classique)	7	7	9	9
Au cinéma	80	77	58	49

1. En 1997 on a regroupé avec les visites des expositions les entrées dans les parcs.

Source : *Source* : d'après *Pratiques culturelles des Français*, 1997.

On repère des tendances analogues dans l'ensemble de l'Europe : « Les pratiques culturelles des Européens se ressemblent bien plus qu'elles ne diffèrent [...]. Cela ne signifie pas que le génie national ou ethnique des sociétés (l'histoire, la langue, la mythologie) n'exerce pas une influence spécifique, mais que celle-ci est seconde par rapport aux puissants facteurs communs de pesanteur sociale (comme la hiérarchie des positions sociales, la division sexuelle des rôles, le

Répartition des loisirs culturels en 1997

Sur chaque groupe, % de ceux qui, au cours des douze derniers mois sont allés…	au théâtre	à un concert de musique classique	à une exposition de peinture	au musée	visiter un monument historique	au cinéma
Artisans, commerçants, chefs d'entreprise	11	10	28	33	18	59
Cadres supérieurs et professions intellectuelles	44	24	54	65	7	82
Employés	16	15	24	34	32	61
Ouvriers qualifiés	7	9	11	23	43	48

Source : *Les Pratiques culturelles des Français*, 1997, ministère de la Culture.

conflit des générations, etc.) ou de mouvement […] » (Conseil de l'Europe, 1993, p. 30). Aux États-Unis, de même, le niveau relatif d'éducation et de revenu, ainsi que l'appartenance professionnelle des usagers de 270 institutions culturelles demeurent stables dans le temps ; le seul changement significatif est le vieillissement de la clientèle des spectacles vivants [DiMaggio et *al.*, 1978].

L'interprétation des données

L'importance des effets d'imitation et de distinction a été mise en avant par Thorstein Veblen (1899), dans le cadre de la théorie de la consommation ostentatoire. Cette théorie permet de comprendre que l'effet de la diffusion sociale de pratiques jusque-là réservées est de conduire à l'apparition de nouvelles pratiques élitaires ; elle ne décrit pas pour autant les modes de production des inégalités devant la culture.

L'inégale répartition du capital culturel. — Le poids de l'apprentissage familial, prolongé et consolidé par l'école, détermine la reproduction des comportements face à la culture ; pour Pierre Bourdieu et Alain Darbel [1969], l'« amour de l'art » dépend du capital culturel hérité, des dispositions cultivées transmises au sein de la famille, plus que d'inclinations naturelles et spontanées. La fréquence et plus encore les modalités de la consommation culturelle résultent ainsi de l'inculcation de tout un mode de vie. L'affectation de détachement à l'égard des consommations les plus élitistes tend à faire oublier la force d'un penchant hérité dès l'enfance et nourri par la famille et son environnement. Le goût de l'art semble inné, alors qu'il est le produit de conversations, de références, de voyages, tous valorisés par l'école au-delà de la simple réussite scolaire. Dans *La Distinction* [1979], Pierre Bourdieu lie les variations de la compétence culturelle à l'inégale répartition du capital scolaire, qu'il mesure par exemple à l'aide des réponses à un questionnaire sur des compositeurs de musique classique et sur les titres de leurs œuvres. Le rôle discriminant de l'origine sociale s'accentue quand on s'éloigne de la culture scolaire pour aller vers des champs plus libres, à « haut rendement de distinction ». Cette compétence est solidaire d'un marché dont elle définit la valeur des produits culturels. L'apprentissage culturel réside dans cette perspective du contact répété, « naturel », avec les œuvres comme avec ceux qui ont appris à les fréquenter.

La reconnaissance du poids de l'apprentissage est au cœur des théories économiques de la consommation culturelle, pourtant ancrées dans un contexte théorique et idéologique bien différent. Elle rejoint les résultats d'une étude menée aux États-Unis en 1997, qui montre que le niveau d'éducation prévaut sur celui du revenu dans l'explication des inégalités de fréquentation des concerts de musique classique et des représentations de théâtre. Dans le tableau suivant on observe le poids relatif du niveau de revenu ou d'éducation sur le niveau de la consommation de ces spectacles.

Influence du revenu et de l'éducation sur la fréquentation de spectacles

	Musique classique	Théâtre
Revenu		
Bas	0.6802	0.1753
Moyen	0.9519	0.4133
Élevé	0.9655	0.8500
Éducation		
Supérieure	2.4650	2.2264
Moyenne	3.2975	3.2263
Inférieure	4.0048	3.9007

(On a mesuré l'effet de chaque variable par une régression linaire.)

Source : *Report to the National Endowment for the Arts*, 1998, *in* Heilbrun et Gray, 2001.

L'analyse économique : le paradigme néoclassique à l'épreuve. — L'économiste est embarrassé pour rendre compte de ces consommations plus sensibles *a priori* aux déterminations psychologiques ou sociologiques qu'économiques. La théorie économique standard suppose que le consommateur est rationnel : ses goûts sont stables, et il est capable d'ordonner ses choix et de prendre en compte les contraintes de revenu auxquelles il est soumis. L'utilité, c'est-à-dire la satisfaction qu'il retire de sa consommation, est supposée diminuer à mesure de celle-ci : il consomme une unité supplémentaire d'un bien tant que l'utilité marginale de ce bien est supérieure à son coût marginal. À l'optimum, l'utilité marginale est égale au prix.

Les consommations culturelles se prêtent mal à ce type d'analyse. Le bien culturel est parfois collectif : rien n'empêche que plusieurs visiteurs d'un musée prennent plaisir en même temps à la contemplation d'un tableau, sous réserve de l'encombrement de la salle. L'utilité marginale n'est décroissante pour une consommation isolée (le visiteur du musée passe en moyenne neuf secondes devant une œuvre, mais ce temps décroît au fur et à mesure de la visite [Grampp, 1989]). Elle augmente en revanche dans la plupart des cas : le plaisir et l'envie de consommer s'accroissent au fur et à mesure de la consommation. De ce fait, les goûts semblent évoluer au fil du temps, contrairement au principe de la rationalité des consommateurs.

Pourtant, sans renoncer à l'hypothèse de rationalité, Gary Becker et George Stigler [1977] analysent la consommation des biens dont le désir ne s'assouvit pas avec celle-ci (*addictive goods*) ; ils renversent l'analyse habituelle en faisant du consommateur un agent actif qui produit sa satisfaction à partir d'*inputs* : temps, capital humain, biens marchands. L'évolution des goûts comme le caractère d'insatiabilité apparente de l'acte de consommer s'expliquent par le rôle du coût du temps. En effet, les consommations culturelles résultent de mouvements contradictoires. D'un côté, lorsque le stock de capital humain d'un individu, et en particulier son niveau d'éducation, s'accroît, la productivité de son travail et donc son salaire augmentent. Le coût d'opportunité du temps passé à des activités culturelles, c'est-à-dire le manque à gagner qui résulte du renoncement à des activités rémunératrices, s'élève : l'analyse économique assimile ce coût au taux de salaire. Mais d'un autre côté, et en sens inverse, le consommateur doté d'un stock de capital humain plus important devient plus efficace dans sa production de « plaisir culturel » : le coût associé à ses pratiques culturelles diminue.

Cette analyse du rôle du coût du temps permet d'expliquer la faible croissance des consommations culturelles lorsque le revenu augmente. La hausse des salaires constitue une menace pour ces consommations qui requièrent en moyenne plus de temps que les autres activités de loisir : le coût relatif des biens culturels est alourdi par l'accroissement du coût d'opportunité du temps, et gêne la croissance de la demande de ces biens de plus en pllus onéreux [Linder, 1970].

Le modèle de la consommation musicale de Gary Becker et George Stigler

Le consommateur, averti et cohérent dans ses goûts, produit le plaisir qu'il tire de sa consommation de culture. Les intrants de cette fonction de production domestique sont le budget, le temps, le capital humain, et un certain nombre de biens marchands. Par exemple, l'écoute de la musique requiert du temps, du matériel s'il s'agit de musique enregistrée, et une certaine expérience qui permet de se repérer dans l'ensemble des œuvres et de mieux apprécier les morceaux choisis : les consommations culturelles nécessitent des formations, des savoir-faire, qui se sont forgés tout au long d'un processus d'apprentissage : plus le consommateur écoute de la musique, plus la finesse de son écoute s'améliore, plus le plaisir associé à une heure consacrée à la musique s'en trouve accru. Ce qui semblait être une aberration économique, l'accroissement de l'utilité marginale, s'explique alors dans le cadre du paradigme néo-classique : l'individu est de plus en plus efficace et l'utilité qu'il produit augmente de plus en plus vite grâce à l'amélioration de sa propre productivité.

L'utilité, ou la satisfaction de l'agent, résulte de la production et de la consommation de divers biens Z_i, et du bien M qui représente la quantité de plaisir musical produite et consommée :

$$U = U(M, Z_i).$$

Les biens Z_i sont produits par le ménage à partir d'*inputs* : temps, capital humain, biens achetés sur le marché.

La variable M est liée positivement à deux variables (hypothèse d'un effet bénéfique des consommations passées sur les consommations actuelles) :

— le temps passé à l'écoute de la musique, t_m ;

— la formation, le capital humain qui favorisent cette écoute comme le plaisir qui en résulte S_m :

$$M = M(t_m, S_m)$$

avec par hypothèse :

$\partial M_m/\partial t_m > 0$: plus le temps consacré à l'écoute de la musique est long, meilleure en est la productivité ;

$\partial M_m/\partial S_m > 0$: plus la formation de l'auditeur est poussée, plus grande en est la satisfaction retirée, et donc :

$\partial^2 M_m/\partial t_m \partial S_m > 0$.

Les auteurs introduisent ensuite le temps dans le modèle, afin d'apprécier l'impact du temps consacré jusque-là à la musique sur le plaisir musical aujourd'hui. Le capital humain musical au moment j résulte de l'expérience accumulée :

$$S_{mj} = h(M_{j-1}, M_{j-2}, \ldots, E_j)$$

avec par définition de la « manie » bénéfique :

$\partial S_{mj}/\partial M_{j-v} > 0$

et E_j : terme qui mesure l'effet de l'éducation et des autres éléments du capital humain sur la capacité de l'individu à apprécier la musique.

Louis Lévy-Garboua et Claude Montmarquette [1994], tout en reconnaissance la fécondité de cette approche, lui reprochent un déterminisme excessif et lui substituent un mécanisme plus nuancé. Ils exploitent une enquête sur la population qui se rend au théâtre au moins une fois par an (7 Français sur 100). Ils reconnaissent l'effet positif de la demande passée sur la consommation courante : toute nouvelle expérience d'un bien révèle au consommateur un accroissement imprévu, positif ou négatif, de son goût pour ce bien. Ils respectent ainsi le constat de l'hétérogénéité des goûts des individus, comme celui de la singularité des biens, et reconnaissent l'incertitude qui pèse sur les préférences. Ils intègrent à leur analyse un « taux d'obsolescence de l'expérience », fait de l'oubli ou de l'adoption d'innovations : le public des profanes, peu initiés au théâtre, du fait de leur faible capital informationnel, préfère les spectacles qu'il juge les moins risqués. Ils reconnaissent ainsi l'importance des phénomènes de substitution, négligés dans l'approche de Gary Becker.

Substitution entre consommations ; le rôle des prix. — L'analyse des phénomènes de substitution a souvent été délaissée au profit de celle de la cumulativité des pratiques. Si la probabilité d'aller au théâtre augmente avec le fait de regarder des pièces à la télévision, à l'inverse, le cinéma peut constituer un substitut au théâtre, le simple fait de sortir conduisant le consommateur à tirer plaisir de l'une ou l'autre « distraction ».

La substitution d'un bien culturel par un autre peut être due simplement à la différence de leurs prix. Au musée du Louvre, on a introduit une modulation horaire des tarifs afin d'inciter le visiteur à venir au musée à des heures de moindre affluence. L'hypothèse est faite implicitement de la sensibilité de la demande au prix, ou du moins de certains segments de celle-ci. Pourtant, cette élasticité est faible, comme en attestent nombre d'études ; à Boston, par exemple, l'augmentation de 100 % du prix du billet d'entrée au musée des Beaux-Arts intervenue en 1974 n'a réduit la fréquentation que de 10 % [O'Hare, 1975, *in* Frey et Pommerehne, 1989].

L'évaluation d'élasticité du prix des représentations de musique classique, d'opéra ou de théâtre conduit à des résultats disparates : – 0,9, soit une forte élasticité, entre 1929 et 1973 aux États-Unis [Throsby et Withers, 1979], et entre – 0,05 et – 0,35 pour dix-huit institutions culturelles à Londres entre 1972 et 1983, sauf pour la danse pour laquelle les résultats varient fortement selon les années [Gapinski, 1986] ; entre – 0,2 et – 0,5 dans un grand nombre d'études (dont on trouvera un recensement presque exhaustif dans un article de Krebs et Pommerehne [1995]). Ces résultats interdisent une conclusion hâtive, mais tendent à accréditer l'hypothèse d'une faible réaction de la demande au prix. De même, l'élasticité croisée entre spectacles d'un même genre est faible. En revanche, elle devient élevée entre genres de spectacles : « Chaque forme d'art est en concurrence par rapport aux autres » [Gapinski, 1986, p. 24].

Mais les coûts liés à la fréquentation des spectacles ne se limitent pas au prix du billet. Une étude [Kelejian et Lawrence, *in* Hendon,

1980] sur les spectacles de Broadway de 1960 à 1978 a montré que les spectateurs utilisent au moins une somme analogue au prix du billet en dépenses liées. La prise en compte du coût des biens complémentaires : transport, parking, garde d'enfants, recherche d'information, etc., permet de retrouver une certaine élasticité de la demande par rapport au prix.

La consommation de produits industriels — livres, cinéma, disques — est en revanche plus directement sensible à la variation des prix : « On peut envisager, comme pour beaucoup de produits, qu'il [le consommateur] ne réagit qu'à partir du franchissement de certains seuils. Mais ceux-ci étant différents pour chaque acheteur, on obtient des variations continues de la demande en fonction de l'évolution des prix. Dans ces conditions, il existe pour chaque livre une fonction de demande décroissante et quasi continue qui relie son prix et la quantité consommée » [Écalle, 1988].

Caractéristiques des biens et décision d'achat. — Cette approche par le prix ne réussit pas à résumer l'ensemble des déterminations qui pèsent sur le choix du consommateur. Les coûts de la recherche du meilleur produit pèsent sur la consommation, lorsque l'offre est abondante. Kelvin Lancaster [1966], rompant avec l'approche traditionnelle des biens comme objets d'utilité, suppose que ce sont des propriétés de ces biens ou caractéristiques que dérive l'utilité.

Les biens possèdent un certain nombre de caractéristiques, objectives et mesurables. Un individu choisit le bien qui présente la meilleure combinaison de caractéristiques. Pour qu'une caractéristique soit pertinente, elle ne doit pas être partagée par des produits extérieurs à un ensemble défini de biens. Par exemple, la caractéristique « théâtre de boulevard » permet d'opérer un tri parmi les spectacles joués à un moment donné. Les caractéristiques d'un groupe permettent d'identifier des ensembles de produits parmi lesquels le choix sera ensuite opéré : les livres de la collection « Repères » possèdent le même nombre de pages, coûtent le même prix, et ont une couverture du même type, qui permet de les identifier au premier coup d'œil.

Cette théorie a été appliquée au domaine culturel par différents chercheurs. Elle permet de rendre compte de l'indifférence du consommateur devant deux biens culturels qui partagent des caractéristiques communes, et de repérer les différentes composantes qui constituent la qualité du bien. David Throsby [1990] recense ainsi les composantes esthétiques qui constituent le jugement sur la qualité et leur impact sur la demande de théâtre. Cette théorie éclaire de même, en ce domaine où le nombre de biens offerts est considérable et l'information coûteuse, certains aspects des politiques de l'offre. À travers le lieu de l'achat (librairie, grande surface spécialisée, hypermarché), le mode d'achat (club, achat au détail) ou la collection, le consommateur se situe sur un sous-ensemble de l'offre auquel il limite son choix, en fonction de l'ensemble des caractéristiques qui constituent le dénominateur commun du fonds proposé ; le coût associé à son achat et le risque d'erreur, malgré l'ampleur de la production, s'en trouvent réduits [Benhamou, *in* Rouet, 1990].

La théorie de Lancaster permet encore de rendre compte de l'innovation, comme apport de caractéristiques nouvelles [Singer, 1981]. Elle aide enfin à saisir le choix des consommations culturelles selon l'âge. En effet, certaines caractéristiques sont observables *ex ante* (prix du billet, distribution d'un spectacle) tandis que d'autres ne le sont qu'en assistant au spectacle (mise en scène, décor) ; un consommateur soucieux de maximiser son utilité entre différents spectacles sera amené, si son degré d'aversion pour le risque est élevé, à opter pour des spectacles plus sûrs, dont la qualité peut être appréhendée avec une grande fiabilité *ex ante*. Cette hypothèse a été testée sur la population genevoise qui fréquente l'opéra, les concerts symphoniques et le théâtre [Abbé-Decarroux et Grin, *in* Towse et Khakee, 1992]. L'aversion pour le risque, supposée augmenter avec l'âge, incite à l'accroissement de la fréquentation de l'opéra et des concerts, au détriment de celle des représentations théâtrales. En effet, les théâtres privilégient l'innovation tandis que les autres institutions adoptent un répertoire plus traditionnel et moins risqué. Dans tous les cas, les coûts de la recherche de l'information pertinente par le consommateur expliquent en grande partie ses choix.

Incertitude et information ; de nouvelles perspectives d'analyse. — L'incertitude quant à la qualité du bien est plus forte ici qu'en d'autres domaines, dans la mesure où les prestations liées aux biens culturels sont étalées dans le temps (cas des œuvres d'art), entachées d'une part d'ignorance (quand une expertise incontestable n'a pas défini la valeur du bien), susceptibles de redéfinition de la valeur (lorsque l'attribution d'un tableau à un peintre célèbre est contestée, ou encore lorsque la cote de ce peintre se détériore). Le fait que l'œuvre soit un prototype accroît le risque d'erreur. La réduction de l'incertitude s'opère notamment par l'intervention du prescripteur ou de l'intermédiaire.

Kelejian et Lawrence [*in* Hendon, 1980] ont tenté d'évaluer le poids des critiques et de leur capacité à influencer la demande. Ils ont mesuré la relation entre le jugement moyen des critiques (évalué de 1 à 5) et le succès des spectacles mesuré *ex post* par leur durée de vie. La démonstration n'est guère convaincante, la formation d'un succès ne tenant pas nécessairement aux seuls jugements des critiques. On sait en particulier le poids des effets d'imitation ou de snobisme. Les formes de l'intermédiation sont ainsi plus variées et moins formelles que ne le suggèrent certaines analyses.

L'incertitude sur la qualité se traduit par des asymétries d'information. Sur le marché de l'art, le caractère scientifique de l'expertise confère au spécialiste, acheteur (le musée) ou vendeur (le commissaire-priseur) suivant les cas, une supériorité de l'information. Or, on sait depuis les travaux de George Akerlof [1970] que Roger McCain [*in* Hendon et *al.*, 1980] transpose au cas des marchés de l'art, que les asymétries d'information peuvent conduire au retrait des agents et à la disparition des marchés. McCain distingue les œuvres simples et les œuvres complexes (qu'il juge supérieures aux premières). Supposons que les vendeurs connaissent les caractéristiques et donc la qualité des biens qu'ils souhaitent vendre, tandis que les acheteurs l'ignorent, mais connaissent les fonctions de distribution des qualités. L'acheteur peut se trouver dans l'incapacité de percevoir *a priori* les caractéristiques des biens complexes, et, de ce fait, il peut prendre pour des œuvres complexes des œuvres secondaires. Le prix des œuvres doit alors diminuer du fait du risque subi ; les vendeurs des œuvres complexes, de bonne qualité, doivent vendre en dessous du prix qui se formerait en l'absence d'incertitude sur la qualité. Ils n'ont plus intérêt à disperser leurs collections, et seules demeurent sur le marché les œuvres de moins bonne qualité. Bien qu'il existe une demande pour les œuvres complexes au juste prix, ce marché risque alors de disparaître.

On peut tirer de cette analyse une explication économique des dispositions réglementaires qui encadrent la profession d'expert, comme agent réducteur d'incertitude. La mise en question de la qualité de l'expertise, par l'augmentation des coûts et de la probabilité d'échec qu'elle implique, conduit à des comportements de retrait des consommateurs, qui s'adressent à des marchés de substitution. M. Spence (*Market Signaling*, Harvard, 1974) souligne à cet égard le rôle du signal qui indique la qualité du bien : le manque à gagner pour le vendeur de produits de bonne qualité, du fait de l'incertitude à laquelle le consommateur est confronté, l'incite à diffuser de l'information afin de signaler la qualité. Le critique, le médiateur consacrent la valeur de la création en en garantissant la qualité. L'auteur reçoit en quelque sorte un crédit, qui permet à l'acheteur de réduire les coûts de sa recherche d'information ; la confiance résulte de l'homologie des positions [Bourdieu, 1977] du lecteur, dans le champ social, du critique, dans le champ de la diffusion, et de l'auteur, dans le champ de la production.

2. Les marchés du travail

En 1877, Whistler présente huit tableaux dans une galerie de Londres. Parmi eux, *Nocturne en noir et or. La fusée qui retombe* est fustigé par le critique Ruskin. Whistler, très éprouvé par la violence des propos de Ruskin, décide de lui intenter un procès, arguant des préjudices occasionnés par le critique. Lors du procès, Ruskin souligne le caractère excessivement onéreux de la toile en regard de ses qualités esthétiques et du temps que l'exécution a requis. Whistler rétorque que le tableau, certes peint en deux jours, est le fruit du labeur de toute une vie.

La vie des artistes est ainsi faite qu'elle exige des hommes l'acceptation des incertitudes quant à leur notoriété, le prix d'investissements risqués, au nom des récompenses matérielles et symboliques qu'elle réserve à quelques élus... À tous ces poncifs souvent invoqués, qui recèlent sans aucun doute une part de vérité, l'économiste peut espérer échapper par l'évaluation de l'emploi culturel et de la diversité de ses évolutions selon les secteurs comme par l'appréciation objective des espérances de gain et des coûts d'opportunité de la carrière artistique.

L'importance de l'emploi culturel : mythes et réalités

Les données dont on dispose en France sont récentes et incomplètes. Leur interprétation doit être circonstanciée : les personnes interviewées qui exercent une double activité sont tentées de considérer leur activité artistique comme principale, même si elle n'est pas la plus régulière ou la plus rémunératrice. Dans d'autres cas, intériorisant la faible probabilité de réussir dans la carrière artistique, elles hésitent à s'avouer artistes ou écrivains (Heinich, *Être écrivain*, CNL, 1990). De plus, l'enquête Emploi de l'INSEE ne saisit pas de manière individualisée les activités culturelles ; elle prend en compte les personnes exerçant des activités socio-éducatives dans l'ensemble du personnel du spectacle vivant, bien qu'une partie seulement de ces agents exerce une activité culturelle ; mais une partition serait impossible, sujette à des jugements partiaux sur la nature des prestations offertes.

Malgré ces sources d'imprécision, on peut évaluer la population active ayant un emploi dans les activités culturelles (quel que soit le métier exercé, qu'il soit artistique ou non, comme la vente de billets), à 440 000 personnes en France en 2001 (tableau page suivante).

L'emploi culturel a rapidement augmenté entre 1980 et 1991 : 37 % contre 3,7 % pour l'ensemble de la population active. On retrouve une croissance analogue dans l'ensemble de l'Europe, bien

Activités	Total
Professions de l'audiovisuel et du spectacle vivant	117 000
Dont : artistes	*45 000*
Cadres, techniciens et ouvriers	*72 000*
Professions des arts plastiques et des métiers d'art	125 000
Professions littéraires	72 000
Dont : Journalistes et cadres de l'édition	*61 000*
Auteurs littéraires	*11 000*
Cadres et techniciens de la conservation et de la documentation	52 000
Professeurs d'art	35 000
Architectes	39 000
Total	440 000

Source : INSEE (Enquête sur l'emploi 1995)/DEP.

que les comparaisons soient rendues très difficiles par l'hétérogénéité des définitions et nomenclatures adoptées. Au Royaume-Uni ce taux a été de 34 % entre 1981 et 1991 contre un accroissement négligeable de l'ensemble de la population active [O'Brien et Feist, 1995]. Ce sont les professions de l'audiovisuel et du spectacle vivant qui ont vu leurs effectifs s'accroître le plus rapidement, tandis que les personnels de la conservation ont connu une baisse et que ceux des industries du livre et du disque ont plutôt stagné. Toutefois l'accroissement des effectifs s'est parfois construit sur la base d'un éclatement du contrat de travail, et le volume de travail offert a nettement moins rapidement crû que les effectifs. En France par exemple, entre 1986 et 1991, le nombre des techniciens du spectacle doublait, tandis que le nombre des contrats triplait. Et cet accroissement tend à se tasser dans la période récente.

Howard Becker [1988] distingue deux mécanismes de recrutement distincts, suivant que l'on se situe sur les segments du marché qui nécessitent la présence permanente d'une main-d'œuvre stable, ou sur les segments où l'embauche est faite au coup par coup (cinéma, production de programmes télévisuels, spectacle vivant), conformément au modèle de l'adhocratie, que Mintzberg [1979] définit comme une forme d'organisation temporaire constituée pour un projet précis [Benhamou et Farchy, 1995]. La forme montante de l'emploi est effectivement l'intermittence, qui concerne, en 1999, 49 100 techniciens et 54 470 artistes (Groupement des institutions sociales du spectacle). En 1999, 20 % des emplois sont à durée déterminée dans les activités culturelles contre 7 % dans l'ensemble de la population active occupée. L'intermittence permet à la production de s'adapter à des projets dont la continuité n'est pas assurée dans le temps et d'embaucher des personnels adaptés. Elle conduit paradoxalement à gonfler les coûts de production en incitant à la concurrence des producteurs pour recruter des acteurs ou techniciens reconnus.

La vie des artistes, ou l'irrationalité apparente du choix d'une carrière à risque

Le travail des artistes est discontinu ; les perspectives de carrière sont incertaines, et la distribution des rémunérations très étendue. Bien que la fréquence d'activités multiples complique la mesure des revenus selon la nature du travail, des économistes ont tenté de mesurer l'écart moyen de rémunération selon, à qualification égale, que l'on adopte une carrière artistique ou non.

Des rémunérations inférieures ? — Le coût d'opportunité de la carrière peut être défini comme la différence entre le niveau de rémunération de l'artiste et celui qu'un individu au profil équivalent peut espérer. Cela permet de situer l'artiste parmi des individus dont le niveau de formation est proche. À partir des données fournies par le recensement américain de 1980, Randall Filer [1986] évalue à 6 % l'écart entre la moyenne des revenus des professions artistiques et celle des autres professions. Il montre que, parmi les professions intellectuelles et les cadres, les artistes se situent au bas de l'échelle. Toutefois, si l'on prend en compte les trajectoires professionnelles et les espérances de gain sur le cycle de vie, et non plus à un moment donné, la pénalité subie par l'artiste devient très faible. Filer conclut au « mythe de l'artiste sans ressource ».

Nombre d'études [Wassall et Alper, *in* Towse et Khakee, 1992] montrent pourtant que les seules rémunérations liées aux activités artistiques sont inférieures à la moyenne. Les moyennes cachent de plus des disparités importantes : le succès de quelques-uns, certes souvent durement acquis, s'accompagne de gains considérables, tandis que la pauvreté relative des autres n'est que faiblement compensée par la liberté dont ils jouissent.

Des carrières incertaines. — Le poids de l'éducation est moindre dans les carrières artistiques dominées par une logique du talent plus que par une logique du diplôme [Throsby, *in* Towse et Khakee, 1992 ; Towse, 2001]. L'incertitude des carrières tient à l'écart entre l'effort entrepris et le but à atteindre, ainsi qu'au caractère temporaire du succès, soumis aux modes et aux reniements que le monde des arts alimente au fil du temps [Menger, 1989 ; Caves, 2000 ; Throsby, 2001].

Sherwin Rosen [1981] explique le phénomène du *star system*, c'est-à-dire de la concentration de la consommation sur quelques produits venus d'artistes auxquels on reconnaît le talent et on offre la consécration, par la préférence pour la notoriété qui caractérise le consommateur. Confronté à un univers incertain, il préfère minimiser ses risques en consommant les produits que lui désigne le *star system*. La firme cherche à élargir ses débouchés sans accroissement des coûts de production en proportion : les progrès des techniques de communication le lui permettent. L'artiste devenu star peut ainsi atteindre un public considérable. Moshe Adler [1985] pousse la démonstration plus loin encore, montrant que les énormes différences de rémunérations entre les stars et les autres ne reposent pas nécessairement sur le talent mais aussi sur la chance et le hasard. Ginsburgh et Van Ours [2003] étudient le devenir des lauréats du concours de musique Queen Elizabeth : si les artistes les mieux placés au concours font des carrières plus réussies, ce n'est pas nécessairement parce qu'ils sont les meilleurs : les classements sont corrélés au rang de passage, lequel obéit au hasard. Cette question de l'appréciation du talent par les instances de sélection des artistes est cruciale quand on prend la mesure de la capacité des activités culturelles à surrécompenser quelques élus et à laisser la plupart des artistes au bord du chemin, à la faveur de l'enclenchement de mécanismes d'autorenforcement des succès (ou des échecs) ; c'est ce que Benhamou [2002] désigne, dans un livre sur les formes multiples et les coûts du *star system* dans les secteurs des arts et de la culture, comme un « effet Matthieu » de la culture », en référence aux mécanismes de grossissement des opinions collectives que décrit Merton [Merton, 1957].

Pourquoi un individu rationnel choisit-il la carrière d'artiste, si celle-ci revêt si peu d'avantages pour la plupart ? Milton Friedman et L. J. Savage proposent dès 1952 un modèle théorique qui rend compte du comportement des individus qui s'engagent en toute connaissance de cause dans des activités à haut risque et à rendement incertain (« The Utility Analysis of Choice Involving Risk », *in* American Economics Association, *Readings in Price Theory*, Richard D. Irwin, Inc., Homewood, Illinois). L'utilité marginale de leur revenu croît avec celui-ci. Bien que le rendement des efforts de formation soit souvent faible, « la préférence pour le risque et le revenu psychologique prévalent sur les considérations financières et incitent à poursuivre une carrière dans les arts du spectacle » [Santos, *in* Blaug, 1976, p. 257]. L'artiste compense la désutilité liée à la faiblesse relative de ses gains par l'utilité non monétaire que suscitent la reconnaissance dont il jouit et son appartenance à un milieu qu'il estime. Les profits symboliques peuvent se convertir en profits matériels : les titres, les honneurs, la reconnaissance sociale génèrent à leur tour des rémunérations matérielles, invitations, élargissement du marché « naturel » du créateur, etc.

Comme à la loterie, l'espérance de gain, en cas de réussite, est si grande qu'elle provoque la prise de risques. Adam Smith notait déjà que l'artiste tend à surestimer ses chances de réussite : l'incertitude ne pèse pas seulement sur les employeurs potentiels, qui découvrent sur le tas et après embauche la qualité du travail de leurs recrues, comme l'enseigne la théorie économique, mais aussi sur l'employé, qui ignore *a priori* son talent, et plus encore les chances de conversion de ce talent en engagements. La faiblesse ainsi constatée de l'aversion pour le risque diminue avec l'âge et la conscience qui l'accompagne de la difficulté de réussir. Glenn MacDonald [1988] prolonge le modèle de Rosen en montrant que les acteurs ont intérêt à démarrer leur carrière jeunes, et à y renoncer assez vite s'ils échouent, intériorisant une distribution des gains sur le cycle de vie conforme à un modèle de *star system*. Le déroulement de la carrière artistique s'apparente alors à un processus d'accumulation d'informations qui permet à l'artiste d'évaluer son propre talent et d'en apprécier la valeur sur le marché, au fur et à mesure des échecs ou des succès qu'il rencontre, conformément à la théorie du *job matching* (Jovanovic, « Job Matching and the Theory of Turnover », *Journal of Political Economy*, 87, 1979, p. 972-990 ; Menger [1989]). La consécration va alors à la consécration : le « salaire » agit comme signal et évite au metteur en scène une partie des coûts de la recherche des meilleurs artistes ; les artistes les mieux payés sont les plus demandés, et une spirale du succès ou de l'échec menace les trajectoires professionnelles [Towse, 1992].

Aléas des carrières et aménagement des risques. — L'artiste prend en compte les rémunérations de son conjoint [Felton, *in* Hendon, 1980] : les gains sont évalués dans le cadre de la famille, où les uns acceptent d'assurer la régularité d'un revenu traditionnel pour que les autres puissent tenter la longue aventure de l'accès à la notoriété.

Afin de s'assurer un revenu, l'artiste exerce une activité complémentaire. Il substitue du travail « alimentaire » à de l'activité artistique (ou inversement) jusqu'au point où l'utilité marginale d'une heure supplémentaire affectée à la première activité se révèle égale à l'utilité marginale d'une heure supplémentaire affectée à l'autre activité Le recours à la multi-activité concerne en France 10 % des individus exerçant une profession culturelle contre 3 % pour l'ensemble de la population.

Une partie de la charge de risque est reportée sur la société à travers des mécanismes spécifiques d'assurance sociale destinés aux intermittents du spectacle, qui recevaient des prestations chômage entre deux

---

Le modèle de l'allocation du temps de David Throsby [1994]

L'artiste cherche à maximiser le temps qu'il passe à du travail artistique (noté L^a), mais ce travail ne suffit pas à lui assurer la couverture de ses besoins élémentaires. Il consacre donc du temps à un travail destiné à lui assurer la possibilité d'acheter des biens en une quantité maximale x^*; au-delà de ce plafond, il préfère se consacrer à ses activités artistiques, même si elles sont moins bien rémunérées que les activités non artistiques.

Soit $(1 - L^a)$ le travail non artistique rémunéré au taux de salaire w^n, tandis que la rémunération du travail artistique est w^a. Soit p^x le prix des biens x. L'artiste cherche à maximiser une fonction d'utilité sous contrainte :

$$U = U(L^a, x)\ w^a L^a + w^n(1-L^a) - p^x x = 0.$$

D'où il découle notamment :

$$L^a = \frac{w^n - p^x x}{w^n - w^a},$$

avec :

$$\frac{\partial L^a}{\partial w^n} = \frac{p^x x - w^a}{(w^n - w^a)^2} > 0.$$

Quand le salaire des activités non artistiques augmente, le temps passé aux activités artistiques augmente, contrairement aux prédictions de la théorie traditionnelle du travail. Cela découle de l'hypothèse de plafonnement des besoins en biens non artistiques.

Throsby teste ce modèle à partir de données recueillies en Australie en 1986 et 1987. Pour 80 % des artistes, on vérifie que le salaire « artistique » est inférieur au salaire rémunérant les autres activités ; malgré ce différentiel de gains, 66 % de ces artistes préfèrent consacrer le maximum de temps aux activités artistiques. Lorsque le « salaire artistique » est supérieur ou égal au salaire versé dans le cadre d'autres activités, 80 % des artistes se consacrent à temps plein à leur art [*in* Peacock et Rizzo, 1994].

---

contrats s'ils avaient travaillé au moins 507 heures lors des douze derniers mois. En 2002, on comptait 102 600 allocataires (2,5 fois plus qu'en 1994), de sorte que le déficit de ce régime atteignait 828 millions d'euros. La protection, très critiquée pour son coût, supporté par l'ensemble des salariés, mais aussi du fait des comportements de *moral hazard* qu'elle engendre (lorsque la protection entraîne l'accroissement de la prise de risque), et de l'affaiblissement des spécificités de l'emploi culturel, avec la généralisation de la flexibilisation de l'emploi dans toutes sortes d'activités, était mise en question, en partie, à travers une réforme destinée à être appliquée en janvier 2004, et qui suscita un mouvement de protestation considérable dans les milieux artistiques. D'autres pays, comme le Royaume-Uni, ont favorisé l'emploi indépendant, par des politiques très actives d'incitation à la création de micro-entreprises [Benhamou, 2000]. On observe à cet égard que dans les pays interventionnistes la disparité de revenus parmi les artistes est moindre qu'aux États-Unis où le marché demeure souverain en matière de fixation des rémunérations [Heilbrun et Gray, 1993].

Le droit des auteurs. — Le droit des auteurs organise la remontée, depuis le consommateur, de la rémunération du créateur. Deux arguments économiques plaident en faveur de son renforcement : efficacité, équité. Le droit d'auteur corrige l'incapacité du marché à rémunérer de façon équitable le travail de l'artiste, et, en son absence, la production artistique deviendrait sous-optimale [Burrows, *in* Peacock et Rizzo, 1994]. Il confère un monopole temporaire à l'auteur sur les usages éventuels de son œuvre, et organise une réponse à l'incertitude et aux délais du succès ; sans cette rémunération additionnelle l'innovation serait affaiblie. De ce point de vue, la protection du brevet industriel et celle de l'auteur ont des fondements communs. Landes et Posner [1989] distinguent ainsi, en matière de production littéraire, les coûts d'expression ou de création, indépendants du nombre d'exemplaires tirés, et les coûts du tirage ; le droit d'auteur permet de couvrir les coûts d'expression, et s'avère d'autant nécessaire que la production de copies est peu onéreuse. En revanche, la protection se justifie moins lorsque la qualité de la copie s'éloigne de celle de l'original.

Dans le domaine de l'édition de livres, le droit des auteurs fut reconnu par l'Assemblée constituante, en janvier 1791, en ces termes : « La plus sacrée, la plus inattaquable et la plus personnelle des propriétés est l'ouvrage de la pensée d'un écrivain » ; bien auparavant, en 1777, Beaumarchais avait lancé la première société d'auteurs afin de défendre les droits des auteurs dramatiques mal rémunérés par les théâtres et en particulier par la Comédie-Française. C'est au XIXe siècle toutefois, quand la demande culturelle s'étoffera, que les auteurs s'organiseront véritablement afin de défendre leurs droits.

L'œuvre bénéficie d'une protection de soixante-dix années au-delà desquelles elle « tombe » dans le domaine public. C'est ainsi que Courteline, décédé en 1929, est aujourd'hui disponible chez une dizaine d'éditeurs ; il existe comme l'avoue le petit-fils de l'écrivain, une « véritable industrie James Joyce » (*Le Monde*, 22 mars 1995).

La protection de l'œuvre musicale est née dans la seconde moitié du XIXe siècle. Sa durée est de soixante-dix années après la première diffusion au public. Le droit d'auteur est perçu puis redistribué par les sociétés d'auteur ; le taux en est fixé dans le cadre de négociations internationales. Le travail d'interprète est rémunéré sous la forme de royalties prélevées sur le prix de vente des albums et versées aux artistes par les maisons de disques ; le taux est négocié par l'artiste en fonction de sa notoriété. Les créations architecturales et artistiques sont protégées de même : lorsqu'un parfumeur voulut associer son produit à l'image de la pyramide du Louvre, il dut verser des droits à son architecte. Les colonnes de Buren, dans l'enceinte du

Palais-Royal, sont sujettes à protection par le droit d'auteur. [Pour plus de détails sur les droits liés au patrimoine, cf. Cornu *et al.*, 2001.] Le droit de suite permet à l'artiste ou à ses ayants droit de toucher 3 % (en France) de la valeur de son œuvre revendue en enchère jusque 70 ans après sa mort. Nombre d'économistes y voient une source de réduction du prix initial de l'œuvre, qui affecte tous les artistes vivants, mais dont seuls quelques-uns tirent bénéfice. Ce droit, inconnu aux États-Unis sauf en Californie, et pour le moment au Royaume-Uni, serait une des sources de la faiblesse du marché de l'art contemporain en France.

Le droit d'auteur français diffère de la conception anglo-saxonne du *copyright*. Alors qu'il reconnaît à l'auteur un rôle majeur, la conception anglo-saxonne tend à faire partager ce droit avec le producteur, qui assume le risque économique (pour plus de détails sur cette question, *cf.* Strowel [1993]). Le droit moral qui donne à l'auteur un droit inaliénable sur l'œuvre qu'il a créée, est inconnu du droit anglo-saxon. La colorisation d'un film ne requiert pas, par exemple, l'accord du metteur en scène. Les metteurs en scène américains s'insurgent aujourd'hui contre la législation qui donne au producteur les droits moraux et économiques sur les films. Milos Forman fit ainsi remarquer, lors d'un symposium sur les droits des artistes, que l'auteur de *Citizen Kane* n'est pas Orson Welles mais RKO en 1941 et... Ted Turner aujourd'hui (*Le Monde*, 3 mai 1994). La question est d'autant plus importante de nos jours que les nouvelles technologies permettent des manipulations des images, des déformations, des réutilisations. Ces nouvelles technologies posent le problème de la ventilation des droits aux différents auteurs, lorsque le produit inclut à la fois texte, images et son. La diffusion gratuite prend une dimension nouvelle avec Internet : les majors du disque ripostent en combinant contentieux technico-juridiques (filtrage imposé par la justice pour empêcher la diffusion des artistes qui en font la demande) et accords industriels (notamment avec les sites de musique en ligne). Si le site Napster finit par disparaître, sous les feux de poursuites judiciaires et d'un accord avorté avec Bertelsmann, d'autres voient le jour. La partie de bras de fer entre plateformes d'offre légale en ligne et échanges entre internautes se poursuit, tandis que les majors du cinéma entrent à leur tour dans la lutte anti-piratage afin de contrer le téléchargement illicite de films, parfois même avant la sortie en salles. La saga Napster et les procès auxquels elle a donné lieu illustrent les difficultés croissantes d'application du droit des auteurs, dans un univers de création bouleversé par les nouvelles technologies [Towse, 2001, Paris, 2002].

Piratage et « photocopillage »

Selon le SNE, chaque année, en France, quelque neuf milliards de pages d'œuvres protégées sont photocopiées. Le droit d'exploitation, qui appartient à l'auteur, comprend le droit de représentation et le droit de reproduction ; il a trait à la fixation matérielle de l'œuvre par des procédés qui permettent de la communiquer au public de manière indirecte. Ce droit rend illicite et assimile à une contrefaçon toute reproduction faite sans le consentement de l'auteur ou de ses ayants droit. Des exceptions sont tolérées, lorsqu'elles ont trait à un usage privé, ou qu'elles se traduisent par de courtes citations. Mais, quoi qu'il en soit des textes réglementaires et légaux, les coûts transactionnels qui leur sont associés en grèvent l'application, qu'il s'agisse du contrôle de la circulation des exemplaires reproduits et de l'usage fait des œuvres, ou des sanctions à faire appliquer en cas de fraude. C'est pourquoi des sociétés d'auteurs ont été habilitées à conclure des conventions avec les utilisateurs aux fins de gestion du droit de reproduction. Ces conventions peuvent d'ailleurs prévoir un système de rémunération forfaitaire par exception au principe de rémunération proportionnelle. Si le rôle de la société d'auteur se justifie dans un univers caractérisé par la singularité des cas, la difficulté à repérer les contrevenants et les coûts de la poursuite, on aperçoit aisément les coûts qu'elle génère à son tour et les mises en question auxquelles elle est régulièrement confrontée.

Dans le secteur de la musique, le téléchargement gratuit devient la norme *via* des échanges d'individu à individu (*peer to peer*) qui génèrent des externalités de réseau : la palette des titres échangés s'accroît en raison du nombre des internautes impliqués dans ces échanges. On évalue les téléchargements musicaux à un milliard par semaine au niveau mondial. Pourtant, une remarquable étude [Oberholzer et Strumpf, 2004] montre que les échanges de fichiers, même à un niveau élevé, se traduisent par un impact sur les ventes d'albums « statistiquement proche de zéro ». Il faut chercher ailleurs (du côté des prix ou de la qualité) les origines du déclin des ventes de disques. L'industrie du disque continue toutefois de tenter de contrer ces pratiques ou de les organiser en les rendant payantes, tandis que des musiciens sans contrat découvrent la possibilité de se faire connaître par la diffusion directe gratuite. On rencontre ici la position des économistes qui montrent que, parce que copie et piratage révèlent *et* créent de la notoriété, la protection serait inutile, la rémunération de l'auteur allant croissant au fur et à mesure de sa reconnaissance [Takeyama, 1997]. La diffusion gratuite d'un produit peut de même favoriser l'essor d'un nouveau marché. Tel fut le cas, en Angleterre, au XVIIIe siècle, des bibliothèques ambulantes qui diffusaient des romans populaires imités d'un roman paru vers 1740, qui avait rencontré un succès immense. Ces bibliothèques, qui inquiétèrent plus d'un éditeur, furent à l'origine d'un formidable développement de la lecture et des achats de livres. La question du mode de rémunération du créateur, lorsque les lois deviennent difficilement applicables, trouve alors une forme de résolution dans la production de différentes versions du même bien [Shapiro et Varian, 1999].

II / Le spectacle vivant

La fréquentation de la plupart des spectacles vivants est plus élitiste encore que celle d'autres institutions culturelles. L'étroitesse de la demande n'entrave pourtant pas la vitalité d'un secteur diversifié : les opéras budgétivores (la subvention de fonctionnement de l'Opéra de Paris se montait à 118 euros par billet vendu, en 2002) concurrencent de simples salles de concert, à tel point qu'on a pu s'étonner de l'excès d'offre dans un contexte de fléchissement de la demande. Des spectacles parfois confidentiels côtoient des spectacles plus populaires, happés par une logique du gigantisme empruntée aux industries de la communication. À l'été 1994, trois ténors, Luciano Pavarotti, Placido Domingo et José Carreras, donnent un concert dans le stade de base-ball de Los Angeles, devant 56 000 spectateurs. L'enregistrement, publié par la Major Warner sous le label Pop Atlantic, sera vendu par millions dans le monde entier. Le spectacle vivant devient ainsi le studio d'enregistrement *live* et la vitrine publicitaire de l'industrie du disque. « La constitution de réseaux dans le milieu musical et dans le spectacle vivant définit les qualités reconnues par les maisons de disques, le talent seul n'étant plus le critère essentiel. » En contrepartie, le disque permet « de briser les limites liées au spectacle vivant » [d'Angelo, *in* Greffe et *al.*, 1990].

La concurrence prend la forme paradoxale d'une compétition entre des institutions qui proposent des biens uniques et éphémères. La faiblesse de l'élasticité de la demande par rapport au prix et la forte différenciation des produits conduisent les institutions à se comporter en monopoles discriminants (cf. *infra*).

La fragilité économique de ce secteur, nourrie par la croissance des coûts et la quasi-absence de réserves de productivité, justifie sans doute l'ampleur des aides publiques et de l'appel au mécénat dans les pays traditionnellement libéraux. Cette intervention massive, très inégalement répartie, ne suffit pas à assurer au secteur un équilibre financier durable.

Une fonction de production de spectacle vivant

Une compagnie doit fixer le nombre des spectacles, la longueur de la saison pour chaque production sur une période donnée, compte tenu de la capacité fixe de la salle v. Soit y_{ij} le nombre de spectateurs à la ième représentation de la jième production, avec $y_{ij} \leq v$, et soit L^s et K^s le travail et le capital requis pour monter une production [répétitions, décors] et L^r et K^r le travail et le capital requis par représentation :

$$y_i = \Sigma_i y_{ij} = y_j(L^s_j, K^s_j, m_j, q_i).$$

Le nombre de représentations de la jième production est : $m_j = m_j(L^r_j, K^r_j)$ et q_j résume les qualités de la jième production avec :

$\frac{\partial y_j}{\partial m_j} > 0, \frac{\partial^2 y_j}{\partial m_j^2} < 0$: l'accroissement de la longueur de la saison risque de réduire le nombre de spectateurs à la marge.

[D'après Throsby, 1994.]

1. L'offre de spectacles vivants à la merci de l'engagement public

On peut mesurer la production de spectacles vivants par le nombre des représentations, des créations ou des places offertes. Le coût par siège diminue avec l'accroissement du nombre des représentations, le coût fixe de la préparation du spectacle trouvant à s'amortir sur un plus grand nombre de sièges. Mais le coût par siège (occupé) s'accroît quand on s'approche des dernières représentations (sauf quand le succès conduit à jouer « à guichets fermés »), du fait de la diminution de la fréquentation. Chaque représentation supplémentaire mobilise en effet les mêmes ressources en travail, les mêmes matériaux, etc. Les conséquences de cette inertie des besoins en travail sont au centre des préoccupations des économistes du spectacle vivant.

Le modèle de la « fatalité des coûts »

En 1965, la fondation Ford s'inquiète des besoins croissants des théâtres de Broadway : les coûts s'envolent sous la pression de la montée des cachets, le nombre de productions diminue et des théâtres sont contraints de fermer. La fondation charge William J. Baumol et William G. Bowen d'établir un diagnostic de la situation. Les économistes bâtissent un modèle de croissance inégale à deux secteurs, un secteur « archaïque » caractérisé par l'impossibilité de générer des gains de productivité et un secteur « progressif », au contraire, où les gains de productivité résultent de l'innovation, des

Le modèle de Baumol et Bowen [1966]

Le modèle repose sur trois hypothèses.

1) L'économie est divisée en deux secteurs. Dans le secteur 1 (archaïque) auquel appartient le spectacle vivant, la productivité du travail est constante, ou en faible croissance, et la quantité de travail ne peut être diminuée sans dénaturer le produit. La quantité de travail employée et la quantité de produit obtenue au moment t sont respectivement notées $L_{1,t}$ et $Y_{1,t}$:

$$Y_{1,t} = a\ L_{1,t}.$$

Dans le secteur 2 (progressif), la quantité de travail employée et la quantité de produit obtenue au moment t sont respectivement notées $Y_{2,t}$ et $L_{2,t}$. Soit r le taux d'accroissement de la productivité du travail.

$$Y_{2,t} = bL_{2,t}\ [1+r]^t$$

(a et b sont des constantes).

2) Les coûts de production sont assimilés aux seuls coûts salariaux $W_{1,t}$ et $W_{2,t}$, et ils évoluent au même rythme et dans le même sens que la productivité du travail dans le secteur moderne.

$$W_{1,t} = W_{2,t} = W_t = W[1+r]^t.$$

Les coûts relatifs (du travail par unité de produit) sont alors :

$$\text{dans le secteur 1 : } C_1 = \frac{W_t L_{1,t}}{Y_{1,t}} = \frac{W(1+r)^t\ L_{1,t}}{aL_{1,t}} = \frac{W(1+r)^t}{a};$$

$$\text{dans le secteur 2 : } C_2 = \frac{W_t L_{1,t}}{Y_{2,t}} = \frac{W(1+r)^t\ L_{2,t}}{bL_{2,t}(1+r)^t} = \frac{W}{b}.$$

Le coût en travail par unité de produit augmente au cours du temps sans limite dans le secteur 1 et reste constant dans le secteur 2.

3) La demande de spectacle vivant est élastique ; toute hausse des prix se traduit par une réduction de la fréquentation.

Si les prix des produits des deux secteurs sont proportionnels à leurs coûts :

$$P_1 = \alpha C_1 \text{ et } P_2 = \beta C_2, \text{ alors : } \frac{P_1 Y_1}{P_2 Y_2} = \frac{\alpha C_1 Y_1}{\beta C_2 Y_2} = Cte$$

$$\text{ou : } \frac{C_1 Y_1}{C_2 Y_2} = \frac{W(1+r)^t . L_{1t}}{W(1+r)^t . L_{2t}} = \frac{L_{1t}}{L_{2t}} = K_0 \text{ et : } \frac{Y_1}{Y_2} = \frac{aL_{1t}}{bL_{2t}(1+r)^t} = \frac{aK_0}{b(1+r)^t}$$

Quand t augmente, $\frac{Y_1}{Y_2}$ diminue, et quand $t \rightarrow \infty$, $\frac{Y_1}{Y_2} \rightarrow 0$.

La production du secteur 1 diminue inexorablement. Si la puissance publique intervient afin de maintenir en vie le secteur archaïque, la ponction exercée par le secteur 1 menace à terme la croissance économique.

économies d'échelle et de l'accumulation du capital. Le spectacle vivant appartient au secteur « archaïque », du fait du statut qu'y occupe le travail. Le travail est constitutif du produit fini : il ne saurait être remplacé sans que le produit ne soit dénaturé. On ne pourrait, par exemple, se passer de l'un des instrumentistes d'un quatuor à cordes au profit d'un enregistrement... Or les salaires s'alignent sur ceux du secteur progressif, du fait de la fluidité du marché du travail ;

Quelques tests de la loi de Baumol

Source	Période, ville, pays	Institutions	Résultats
Baumol & Bowen, 1966	1771-1776, 1963-1964, Londres	Drury Lane Theatre, Royal Shakespeare Th.	Sur deux siècles, coûts par représentation multipliés par 13,6, indice général des prix par 6,2.
Ibid.	1843-1964, New York	New York Philarmonic Orchestra	Prix du billet : + 2,5 % par an ; indice général des prix : + 1,0 % par an.
Ibid.	Depuis 1945, New York et autres villes des États-Unis	23 orchestres, 3 opéras, 1 compagnie de danse, des théâtres dont Broadway	Pour chaque groupe, croissance du coût du spectacle supérieure à celle du niveau général des prix.
Ibid.	Depuis 1945, Londres	Covent Garden, Britain's Royal Shakespeare	*Idem.*
Throsby, Withers, 1979	1964-1978, Australie	Théâtres, opéra, orchestres, ballets	Croissance des coûts de plus en plus forte par rapport à celle des recettes (globalement, et par billet vendu).
Leroy, 1980	1860-1950, Lille 1876-1970, Paris 1871-1965, *ibid.* 1882-1964, *ibid.* 1860-1965, *ibid.*	Opéra Opéra Théâtres de Paris Comédie-Française Sté des concerts du conservatoire	Taux annuel d'accroissement des dépenses supérieur à celui de l'indice général des prix ; loi vérifiée, sauf périodes d'inflation et de guerre ; taux moyen d'accroiss. des déficits supérieur au taux d'accroissement des prix de gros.
Peacock, Shoesmith et Millner, 1983	1975-1981, Londres	Opéra, danse, théâtres, orchestres	Hausse des coûts plus forte pour théâtres (15,1 %), danse (15,25 %), que pour opéra (13,75 %), musique (13,5 %).
Baumol et Baumol, 1984	1974-1983, diverses villes des États-Unis	Données fournies par l'American Symphony Orchestra League et par le Theatre Communications Group	Le coût par spectacle a augmenté par rapport au niveau général des prix de 1 % par an pour les théâtres et de 0,9 % pour les orchestres.

il s'ensuit une croissance permanente des coûts relatifs du spectacle vivant que seule une hausse des prix des billets peut compenser, au risque de réduire la demande et les recettes.

Ce dilemme caractérise l'ensemble des services où « le travail est une fin en soi, et la qualité directement jugée en termes de volume de travail », écrivent Baumol et Bowen [1966, p. 416] ; car, ajoutent-ils : « A la différence des travailleurs des industries, les artistes ne sont pas des intermédiaires entre des matières premières et le produit achevé. Leurs activités sont elles-mêmes le bien de celui qui consomme. » Le modèle conclut à l'inéluctabilité de l'accroissement des déficits des spectacles vivants.

La vérification empirique du modèle. — La comparaison de l'évolution du coût par spectateur ou du prix du billet avec le niveau général des prix permet de tester le modèle. Si de rares tests infirment la loi de Baumol [Goudriaan et Pommer, *in* Dupuis éd., 1990, sur 14 théâtres néerlandais entre 1971 et 1983], cette loi est le plus souvent vérifiée [Towse, 1997]. Non seulement les prix des spectacles augmentent plus vite que l'inflation, mais ils ne suffisent pas pour autant à couvrir l'accroissement des coûts : « La tendance de la croissance des prix à demeurer inférieure à celle des coûts signifie simplement que les organisations culturelles ont dû demander de plus en plus d'argent à leurs partenaires — et notre analyse montre que cela va continuer [...]. S'il y a, comme nous pouvons le supposer, des limites à l'apport de partenaires privés, des aides supplémentaires doivent venir d'autres sources pour que le spectacle vivant continue de tenir son rôle dans la vie culturelle du pays [...] » [Baumol et Bowen, 1966, p. 14]. Selon Baumol, cette « fatalité » se propage à l'industrie des programmes, incapable de dégager des gains de productivité, sauf à laisser la qualité se détériorer.

Seules les périodes d'inflation s'accompagnent d'un ralentissement de la croissance des coûts relatifs, car « durant ces périodes, le public refuse de consacrer aux arts des dépenses supérieures à la croissance du niveau des prix habituelle aux périodes sans inflation » [Baumol, *in* Girard et Dupuis, 1985, p. 41].

Les limites de la « fatalité des coûts ». — Parmi les hypothèses du modèle, certaines sont contestables. Le modèle suppose que les salaires des secteurs archaïques s'alignent sur ceux du secteur moderne ; il semble pourtant que les salaires moyens dans le secteur du spectacle vivant aient eu tendance à s'élever moins vite que dans le reste de l'économie depuis la Seconde Guerre mondiale [Throsby, 1994]. Le modèle fait l'hypothèse, bien contestable, d'une sensibilité de la demande aux prix. Il suppose de plus un besoin en travail incompressible ; mais la mise en scène et l'écriture théâtrale semblent parfois plus économes en travail qu'autrefois [Peacock, 1994]. Dans le secteur de la musique populaire, le recours aux synthétiseurs permet de réduire les coûts de production ; il est vrai, en revanche, que la musique « sérieuse » ou savante fait appel, chez les créateurs contemporains, à des matériels rapidement obsolètes et à des techniciens de haut niveau ; de même les progrès de l'expression scénique s'accompagnent de l'usage de matériels sophistiqués et coûteux [Abirached, 1992].

L'appel à un même acteur pour interpréter plusieurs rôles, la réutilisation de décors ou de costumes, la réduction du nombre de répétitions reviennent à substituer un « déficit artistique » au déficit d'exploitation [Baumol, *in* Girard, 1985, p. 44]. Nombre d'institutions auraient ainsi limité les représentations d'œuvres d'auteurs vivants de manière à diminuer les versements de droits [Throsby, 1994].

Si des économies en travail sont possibles, comme à l'Opéra de Washington, qui a réussi à résorber son déficit en 1995 malgré l'augmentation du nombre des représentations, elles demeurent généralement insuffisantes pour compenser le différentiel de productivité. À Aix-en-Provence, les responsables du festival de musique ont réduit le nombre des créations et les coûts en choisissant des œuvres « naturellement » économes : le choix de l'*Orlando* de Haendel, dirigé par William Christie, un opéra sans chœurs ni ballets, qui ne mobilise sur scène que cinq chanteurs, permit en 1993 de réduire le coût de la production à 0,6 million d'euros, le quart du coût du dernier opéra *Médée*, monté par Christie. Des économies d'échelle sont possibles : l'accroissement du nombre des représentations ne requiert pas plus de répétitions ni même de travail administratif. Encore faut-il disposer d'une demande solvable et s'assurer de ce que le coût d'une représentation supplémentaire ne soit pas supérieur aux recettes qu'elle génère.

Parmi les contre-tendances à la loi de Baumol, la hausse de la productivité dans les secteurs modernes, qui permet d'augmenter les salaires au fur et à mesure de l'amélioration des qualifications, entraîne un accroissement de la demande de spectacles qui vient pallier partiellement les difficultés qu'elle engendre [Throsby et Withers, 1979]. Mais Baumol et Bowen soulignent que cet accroissement est le fait de consommateurs de plus en plus avertis et exigeants, et génère de ce fait des coûts marginaux supérieurs aux recettes, à tel point qu'un « nombre croissant d'orchestres a toutes chances de nécessiter l'augmentation de la part relative des subventions ». « Le succès est une menace » [Menger, 1983, p. 161] : les sociétés de concert ont contribué à former la réputation d'artistes devenus incontournables. Il s'ensuit une surenchère des cachets et les coûts.

On aurait pu attendre enfin des recettes de l'enregistrement des spectacles. Hormis quelques cas spectaculaires, elles demeurent faibles, comme l'ont souligné toutes les études menées notamment par la Ford Foundation pour les États-Unis [Heilbrun et Gray, 1993].

Quelle que soit la portée des restrictions à leur démonstration, William Baumol et William Bowen [1966] écrivent : *In the performing arts, crisis is apparently a way of life*. Leur analyse a marqué l'économie de la culture, avec sa conclusion implicite de la spécificité du domaine et de l'appartenance nécessaire des activités culturelles à la sphère non marchande assistée. Elle a joué un rôle non négligeable dans le développement du National Endowment for the Arts créé en 1965 à Washington. Elle demeure une grille de lecture de la croissance endémique des subventions allouées au spectacle vivant.

Le poids de l'aide au spectacle vivant

En France, le spectacle vivant vit largement des subventions publiques. L'État verse environ le tiers des aides publiques aux grandes structures de création et de production (centres dramatiques nationaux et régionaux, orchestres, opéras), et les collectivités locales les deux tiers. Les recettes propres excèdent rarement 30 % du budget (15 % pour les orchestres permanents). La Comédie française a reçu en 2002 21,7 millions d'euros pour 765 représentations et 337 887 entrées, soit une subvention de près de 65 euros par fauteuil occupé ; il est vrai qu'elle seule conserve une troupe permanente de comédiens. Il convient de rappeler que, jusque dans les années trente, elle couvrait 80 % de son budget par ses recettes propres. Les théâtres privés (moins d'une cinquantaine, presque tous en région parisienne) reçoivent une aide de la Ville ainsi que le produit d'une taxe parafiscale prélevée sur le billet. On compte en tout en 2004, 1 500 compagnies dramatiques, 500 compagnies chorégraphiques, et 600 ensembles musicaux (dont respectivement 273, 26 et 37 sont conventionnés) ; la faiblesse du nombre de représentations par rapport aux productions conduit Bernard Latarjet [2004] à pointer les risques de surproduction, au moment même où la demande semble se tasser. Si l'on met ce constat en regard de la tendance des prix relatifs moyens à augmenter, on rejoint certaines des conclusions de Baumol.

Les champs d'intervention de la puissance publique se sont étendus aux arts de la rue et au cirque, dont les compagnies sont subventionnées à hauteur de 57 % à 65 %, de sorte que l'on assiste à un certain émiettement des politiques publiques, qui doivent répondre à une demande croissante de soutien dans le même temps où les moyens alloués sont appelés à plafonner.

Dans ce paysage essentiellement public ou parapublic, le secteur des musiques actuelles fait figure d'exception ; l'aide de l'État à des structures privées pour l'essentiel y demeure marginale. Notons enfin que dans toute l'Europe la montée de l'offre de festivals participe tout à la fois de la rencontre entre économie touristique et économie culturelle et d'une nouvelle mobilité des événements artistiques au-delà des frontières géographiques et des clivages traditionnels entre disciplines.

L'ampleur des efforts publics ne met pas les institutions à l'abri des difficultés financières. Le Théâtre national populaire de Villeurbanne ou celui de Bordeaux ont été contraints de réduire leur programmation en 1994. Ces institutions, en réponse au déficit, rechignent à augmenter les prix des billets et préfèrent diminuer le nombre des créations ou des représentations. Ces difficultés ne sont pas propres aux institutions françaises. Le Royal Opera de Londres, dont la subvention s'élève à 15 millions de livres, engrange un tel déficit que sa privatisation est envisagée en 1998, comme alternative à l'accroissement des subventions. Le Dance Theater de Harlem, fondé il y a plus de trente-cinq ans, menace de mettre la clé sous la porte en 2004, accusant un déficit de 2,5 millions de dollars au moment même où le mécénat décline, passant de 3,3 millions de dollars en 2003 à 1,8 en 2004.

Aux États-Unis, l'État contribue de manière bien moindre à la vie du spectacle vivant. Selon Werner Pommerehne et Bruno Frey [1993], la part de l'aide financière publique au profit des théâtres y serait de l'ordre de 5 %. Le modèle organisationnel le plus fréquent est l'organisation privée non marchande qui cumule les avantages de l'autonomie par rapport à l'État et de la liberté des institutions sans but lucratif autorisées à recevoir des dons et à se développer à l'abri de la pression du marché, du moins tant que les mécènes sont prêts à en jouer le jeu. À Boston, à la fin du siècle dernier, leur développement a permis l'éclosion d'une culture d'élite florissante, liée aux milieux riches et éclairés et décidée à l'ouverture au public, gage de consensus social [DiMaggio, 1986].

2. Les stratégies des institutions

La loi de Baumol ne suffit pas à justifier l'aide publique au spectacle vivant ; nombre de secteurs artisanaux y sont soumis sans faire appel pour autant à l'intervention publique. Selon Xavier Dupuis [1983], le déficit n'est pas nécessairement le résultat de l'activité des entreprises du spectacle vivant, mais il peut être interprété au contraire comme un mode de gestion. Le responsable évalue *ex ante* le maximum de subvention espéré et fixe sa production en fonction de ce montant. La concurrence se déplace de ce fait de l'aval vers l'amont, et les établissements culturels tentent de conquérir des parts de subvention supplémentaires par la constitution de monopoles dans des domaines très étroits et particulièrement innovants. Même si des politiques de discrimination par les prix permettent d'optimiser les recettes, ils reportent sur l'État la charge de couvrir les déficits structurels. L'ignorance par la tutelle de la fonction de coût de l'institution permet à celle-ci de maximiser la subvention.

Si la taille des institutions pousse au conformisme des choix artistiques, la subvention, en accroissant le budget, en atténue la capacité d'innovation. Parce qu'il n'est pas facile de déceler une différence de fond entre la politique de programmation des institutions subventionnées et celle des institutions privées non aidées [Pommerehne et Frey, 1989], ne faudrait-il pas soutenir l'innovation seulement, quel que soit le statut de l'institution ?

Le dilemme qualité/nombre de spectateurs

Le nombre des représentations étant généralement fixé par avance par un cahier des charges, les choix stratégiques concernent la qualité des spectacles et ses incidences sur la fréquentation. Henry Hansmann [1981] construit un modèle du comportement de la firme qui sera repris, moyennant quelques modifications, par Claude Le Pen [1982]. Il relève que les coûts fixes sont élevés en regard de la capacité des salles (il y a de ce point de vue quelque rationalité à élever le nombre de places de l'Opéra de Paris de 1 991 à Garnier à 2 717 à Bastille), et que les coûts marginaux sont au contraire très bas. Les coûts totaux sont fonction de la qualité et de la fréquentation. La sensibilité de la fréquentation au prix, bien que non négligeable, décroît lorsque la qualité s'améliore. Les donations (ignorées dans le modèle de Le Pen, plus adapté au cas des institutions françaises moins dépendantes que les théâtres américains des donations privées) sont inversement proportionnelles au prix, et liées directement à la qualité.

Deux stratégies sont possibles : celle de la qualité, que Hansmann définit par le niveau de sophistication du spectacle, tandis que Le Pen l'assimile au coût du spectacle, et celle de l'audience. La politique de maximisation de la qualité, de la part d'une institution à but non lucratif, conduit à augmenter le prix. La subvention sert à financer des décors plus sophistiqués, des acteurs plus connus, etc., ce qui accroît la demande et permet de relever le prix. L'institution non marchande ne faisant pas de profit, cette hausse du prix apporte un surcroît de recettes qui est de nouveau affecté à la qualité, etc.

Deux exemples sont proposés de cet effet anti-redistributif des subventions qui, en augmentant qualité et prix, conforte les inégalités sociales de fréquentation des spectacles. L'Opéra de Paris mène à partir de 1973 une politique de qualité qui se traduit par une forte augmentation des prix moyens et qui s'accompagne d'une hausse des subventions. On retrouve des tendances analogues à la Comédie-Française entre 1963 et 1973. Les maisons de la culture ont à l'inverse axé leur politique sur le public, en pratiquant des prix bas ; la subvention, loin de conduire à des effets mécaniques et univoques, renforcerait ainsi la stratégie choisie par l'institution. Mais lorsque la tutelle réclame un taux de remplissage élevé, la sensibilité de la demande à la qualité conduit l'institution à pratiquer une politique de « surqualité » [Dupuis] qui lui permet de capter une demande supplémentaire.

Ces analyses, qui seront ultérieurement appliquées aux théâtres allemands moyennant l'introduction, parmi les variables d'objectif, d'une variable qui représente le revenu du directeur de l'institution [Krebs et Pommerehne, 1995], rendent compte d'un dilemme fréquent en matière culturelle entre politique de démocratisation et politique élitiste : « [...] une des particularités de la gestion des organismes à but non lucratif est de ne pas comporter de système unique de règles normatives définissant un optimum "objectif" : les normes de fixation des variables définissant la politique institutionnelle (ici le prix et la qualité) dépendent des motivations des gestionnaires et, sous une même contrainte budgétaire, une institution culturelle peut aussi bien se consacrer à une activité de type élitiste que populaire » [Le Pen, *ibid.*, p. 654].

Ces analyses reposent en partie sur des hypothèses contestables : rigidité du nombre des représentations, assimilation de la qualité aux moyens engagés. La pertinence de la distinction entre deux stratégies n'en demeure pas moins forte. John M. Montias [*in* DiMaggio, 1986] oppose pour les Pays-Bas deux stratégies en matière de programmation : pendant les années soixante, les institutions ont cherché à élargir leur public en baissant les prix, de manière à financer les spectacles difficiles grâce aux recettes des spectacles populaires. Mais dans les années soixante-dix, les théâtres subventionnés ont troqué cette stratégie contre une politique de la qualité, qui a permis aux théâtres privés de retrouver un espace économique sur le marché des spectacles populaires.

La fixation du prix du billet et le rôle des donations

L'institution culturelle est soumise à diverses contraintes : à la pression pour l'adoption d'un prix raisonnable s'ajoute la contrainte de la fixation des prix, *ex ante*, avant tout élément d'appréciation objectif du succès effectif du spectacle. Si le spectacle est un succès, l'institution subit un manque à gagner ; dans le cas inverse, un prix plus faible que celui pratiqué aurait permis de mieux rempir la salle, à la condition toutefois d'une élasticité suffisante de la demande au prix. Les invendus constituent une perte sans appel, partiellement compensée par la vente de biens complémentaires [Rosen et Rosenfield, 1997]. L'introduction récente en France (et bien plus ancienne à Broadway) de la possibilité d'acheter à prix moindre des places encore disponibles le jour du spectacle permet en partie de retrouver un système de marché où la rencontre de l'offre et de la demande conduit à la fixation du prix d'équilibre.

La donation peut être interprétée comme une hausse du prix payé par certains consommateurs [Hansmann, 1986]. Le spectacle vivant se caractérise en effet par des coûts fixes lourds, une demande faiblement extensible, et des coûts marginaux peu élevés. La courbe de demande se situe ainsi constamment en dessous du coût moyen ; en conséquence, il n'existe pas de prix de marché qui permette de couvrir les coûts. Seul un système de discrimination par les prix, qui consiste, lorsque la disposition à payer varie d'un individu à un autre, à faire payer un prix supérieur aux individus qui y sont prêts, permettrait de récupérer une partie du surplus du consommateur (c'est-à-dire de la perte de recettes engendrée par la fixation du prix à un niveau inférieur à la satisfaction retirée par le consommateur). Mais il n'est pas possible de mettre en place un tel système, dans l'igorance des dispositions à payer des individus. L'appel à des contributions volontaires permet de contourner l'obstacle, moyennant quelques avantages (soirées réservées, invitations). Cette analyse débouche sur une interprétation originale du statut des institutions américaines. Celles qui ne peuvent vivre de leurs recettes adoptent une forme non marchande afin de recevoir des donations, dont elles garantissent l'emploi à des fins conformes aux vœux des donateurs. La stratégie de la firme consiste alors à maximiser ses ressources en choisissant *ex ante* le niveau des prix et celui des donations.

3. Les effets pervers de la subvention. Le cas des festivals

Ces dernières années, on a vu croître de manière spectaculaire l'offre et la demande de festivals ; largement subventionnée, cette offre nouvelle est supposée favoriser le tourisme. Au festival d'Aix-en-Provence, 18 % des spectateurs sont étrangers, et près d'une centaine de journalistes présents rendent compte du festival. Mais la plupart des festivals accusent des déficits croissants, qui résultent du « caractère anti-économique » de leur fonctionnement, selon Bruno

Frey et Werner Pommerehne [1993]. Ces derniers étudient le festival de Salzbourg, dont la notoriété est si grande qu'il est difficile d'acquérir des billets sur le marché officiel. Le déficit a été de 24 millions de francs en 1978-1979, et de 45 millions en 1986-1987 (en ce qui concerne la part couverte par l'État). Des représentants des pouvoirs publics exercent un contrôle qui se révèle très souple du fait des avantages que leur confère le festival (invitations, places gratuites). Ils s'attribuent ainsi de véritables rentes. L'excès des coûts est amplifié par le niveau des rémunérations, bien supérieures à celles qui sont versées, par exemple, aux responsables et au personnel d'un festival équivalent, celui de Bayreuth, où les chanteurs sont rétribués selon l'importance de leur rôle, quel que soit leur prix de marché. Le prix des billets est fixé à un niveau largement inférieur au prix d'équilibre entre l'offre et la demande, ce qui conduit à la dégradation du montant des recettes : le nombre des demandes insatisfaites a été, en 1981-1982, de 175 000 billets. L'origine de ces dysfonctionnements réside dans l'automatisme de la subvention : une loi de 1950 stipule que les pouvoirs publics couvrent les déficits. La contrainte budgétaire est de ce fait quasi inexistante, dans la limite d'un plafond non fixé de tolérance politique à son montant...

À Bayreuth aussi, on estime que la demande de billets est dix à vingt fois supérieure à l'offre ; les billets, vendus de 17 à 255 marks, ont un coût réel de 355,18 marks en moyenne. La différence est compensée par des fonds publics (35 %) et par la Société des amis du festival (*La Tribune*, 23 août 1994).

Les responsables du festival d'Aix-en-Provence ont longtemps compté sur le prestige de la manifestation pour inciter les pouvoirs publics à augmenter leur part de financement ; la réduction du budget, qui est passé de 60 à 40 millions de francs entre 1991 et 1993, et la nécessité d'éponger le déficit (20 millions en 1991, 11 millions en 1993) les ont conduits à une diminution drastique de la production (vingt soirées d'opéra en 1991, treize en 1993). Après une année d'interruption en 1997, le festival reprend avec un budget de 58 millions de francs. En 2002, le festival reçoit 2,45 millions d'euros de l'État et 2,2 des collectivités territoriales, et fonctionne avec 64 % de recettes propres.

En revanche, les festivals qui ne se sont pas encore bureaucratisés n'auraient pas à affronter, selon la même analyse, de problème de déficit structurel ; échappant aux contraintes imposées par l'État ou par les syndicats, jouissant gratuitement de cadres superbes, ils bénéficient du développement du tourisme tout en jouant sur une spécialisation (piano, musique ancienne, etc.) qui intéresse au premier chef les industries du disque. « Finalement, écrit Frey [*Le Figaro*, 4 mars 1994], les festivals permettent ainsi des conditions presque idéales de rencontre d'une demande de manifestations culturelles émanant de touristes et d'une offre de la part d'entrepreneurs artistiques, de sponsors, de compagnies de disques, en l'absence d'interférences de la part de l'État ou de syndicats. »

Sans doute le festival de La Roque d'Anthéron allie-t-il les critères avancés par Frey : un budget (3,8 millions de francs en 1990) en équilibre, couvert aux deux tiers par les recettes propres, une programmation souple, un public ciblé. Mais cette analyse en termes de dysfonctionnements occasionnés par l'intervention publique mériterait d'être complétée par une étude de la structure des coûts en fonction de la taille des festivals. Le principal festival de rock français, à Belfort, a rompu en 1992 un équilibre financier récemment acquis en augmentant son budget de 50 % et de 25 % sa durée.

Il n'existe pratiquement pas de festival qui puisse totalement se passer de l'aide de l'État. De ce point de vue, l'opposition entre des festivals assistés et des festivals dans le marché ne reflète qu'approximativement l'économie de ce type de spectacle. Une des sources des difficultés tient à l'essence même du festival, manifestation éphémère ; la reprise des spectacles dans l'année, les transmissions télévisuelles peuvent contribuer à l'équilibre financier, mais celui-ci demeure précaire.

Cet antagonisme entre le spectacle vivant directement conçu pour le marché et le spectacle vivant soustrait au marché trouverait peut-être une illustration dans l'opposition entre l'opéra de répertoire et l'opéra-festival permanent. Le premier consiste en la présentation quasi quotidienne de spectacles différents, joués par une troupe pour l'essentiel permanente, avec une mise en scène peu coûteuse. Tel est le cas du Bayerische Oper de Munich, Hambourg, Düsseldorf, Berlin. Le festival permanent a été adopté dans les grands théâtres lyriques européens, la Scala de Milan, Covent Garden à Londres, l'Opéra de Paris (dont le budget s'est élevé en 2001 à 88,3 millions d'euros pour 35 spectacles, 443 représentations ayant rassemblé en tout 758 000 spectateurs). Le festival permanent consiste à présenter en alternance quelques spectacles de grande qualité, exigeant de nombreuses répétitions, des mises en scène originales et de grands noms. La croissance des coûts auxquels il se condamne le conduit à réclamer une subvention sans cesse accrue. La réponse à la crise par l'appel à des stars favorise ainsi la hausse des coûts : les théâtres de Broadway, acculés par la crise la plus sévère de leur histoire, font appel à Jerry Lewis, Jessica Lange, Brooke Shields afin de pallier la chute de la fréquentation.

Ce conflit entre politique tournée vers le public et politique de la qualité, bien que caricaturé à l'excès, résume le dilemme des responsables confrontés à la « maladie des coûts ». L'interprétation que proposent les analyses liées à l'école du *Public Choice* revient à attribuer au statut de l'institution la responsabilité d'une situation dont on a vu qu'elle est aussi le fruit de l'évolution des exigences du public, des changements technologiques et de l'ambivalence des relations entre les industries culturelles et les institutions qui produisent des spectacles vivants : si le disque ou le clip télévisé donnent au spectacle une audience inespérée, ils menacent le spectacle qu'ils amènent, certes bien appauvri, jusqu'au domicile du consommateur, et pour bien moins d'argent...

III / Les marchés de l'art et le patrimoine

Adam Smith comparait en son temps la main invisible qui assure la régulation de l'économie par le jeu du marché au marteau du commissaire-priseur. Faut-il imputer à cette comparaison fondatrice de l'économie politique classique le goût des économistes de la culture pour l'étude du fonctionnement du marché de l'art ? Il semble en tout cas que l'importance de mouvements spéculatifs, analogues à ceux que l'on observe sur les marchés financiers, a contribué à attiser la curiosité des chercheurs. Des banquiers qui ont cru à la rentabilité de ces actifs ont créé des fonds de placement en œuvres d'art dans les années quatre-vingt.

Loin du bruit des marchés, musées et patrimoine architectural semblent voués à la quiétude de leurs fonctions, somme toute éternelles, et ne suscitent guère *a priori* le même engouement. Toutefois, le développement de l'analyse économique des secteurs non marchands, d'une part, la volonté de s'interroger sur les effets induits du patrimoine culturel, d'autre part, donnent lieu à de nouvelles recherches, stimulées par la vogue des projets de mise en valeur du patrimoine. Si les coûts de l'entretien des œuvres d'art ne sont que rarement couverts par les recettes, leur poids symbolique est considérable. Lorsque, en juin 1993, un attentat détruit une partie du musée des Offices à Florence et endommage des œuvres majeures, l'émotion est immense. Que le terrorisme vienne frapper au cœur d'un musée témoigne du culte dont musées et patrimoine sont aujourd'hui l'objet, culte populaire au demeurant, que nourrissent des journées comme celles du patrimoine, qui permettent en France de découvrir plus de dix mille sites publics ou privés, journées imitées jusqu'en Slovaquie, dans une vingtaine de pays d'Europe.

1. Les marchés de l'art

En 1990, le *Portrait du docteur Gachet*, de Van Gogh, est adjugé 82,5 millions de dollars ; la folie spéculative a atteint son comble. Le retournement de la conjoncture sera d'autant plus sévère que les prix étaient montés à des sommets jamais connus jusque-là : en novembre 1992, le musée d'Orsay achètera chez Sotheby's, à New York, le *Jeune garçon au chat,* de Renoir, pour 3,9 millions de francs ; quatre années auparavant, le tableau avait été acquis par un collectionneur japonais pour 10 millions de francs chez Christie's, à Londres.

La morosité du marché, après des années de spéculation effrénée puis la reprise de la fin des années quatre-vingt, conduisent à s'interroger sur les facteurs de formation du prix des œuvres. *A priori* irrationnel, déterminé par la rareté et la qualité comme par la passion des collectionneurs, ne tient-il que du hasard de la rencontre d'une offre et d'une demande, ou bien résulte-t-il aussi de facteurs identifiables ?

Les acteurs des trois marchés de l'art

Raymonde Moulin [1992] distingue trois marchés. Le marché des chromos, peintures de bonne facture mais stéréotypées, destinées à la décoration, est un marché de concurrence monopolistique, qui jouit d'un public large et d'une offre abondante. Sur le marché des œuvres classées, valeurs sûres sur lesquelles le jugement de l'histoire s'est déjà exercé, l'offre est rigide, tandis qu'elle est plus fluide sur le marché des œuvres contemporaines ; dans les deux cas, le public est étroit et les acteurs sont peu nombreux (oligopoles).

Marchands, critiques, commissaires-priseurs, conservateurs, enseignants des écoles d'art, « galeries leaders » [Moulin] et collectionneurs interviennent à divers titres sur le marché, faisant et défaisant les modes et les classements. Lorsque la « communauté de goût » de ces acteurs s'affaiblit, les marchés de l'art s'en ressentent [Becker, 1982]. Les politiques d'acquisitions des musées contribuent à la formation de la valeur et des prix. Le musée d'Orsay a permis de redécouvrir le talent des pompiers ; plus prosaïquement, l'exposition des Nabis à Paris, au Grand Palais, en novembre 1993, a conféré une valeur nouvelle à la vente à Drouot de la collection Henri Petiet, grand amateur de cette école.

Galeries et maisons d'enchères se partagent le marché. Le marchand des impressionnistes, Paul Durand-Ruel, met en place vers 1880 les bases du système actuel des galeries : une galerie privée choisit d'exposer un peintre, dont elle tente de conquérir le monopole de la production. Elle recherche des capitaux à l'extérieur et ouvre des succursales à l'étranger. Ce mode de commercialisation s'est fortement développé récemment, mais seules quelques dizaines de galeries assument un rôle de découvreur, par l'établissement de relations durables avec des artistes : dans certains cas, le marchand prend des œuvres en dépôt et conserve 50 % environ du prix de vente. Cette formule, très fréquente, permet de répartir le risque entre l'artiste et la galerie. D'autres fois, le marchand négocie l'exclusivité nationale d'un artiste. Il peut aussi convenir par forfait de l'achat d'un nombre d'œuvres fixé par avance, ou mensualiser l'artiste. Il peut enfin se contenter de louer ses cimaises, laissant à l'artiste la charge des frais occasionnés par son exposition. D'autres galeries pratiquent la vente en dehors des créateurs, se fournissant auprès de divers vendeurs. Dans la seconde moitié des années quatre-vingt, elles ont contribué à la flambée des prix, organisant la rareté, cultivant une clientèle riche ; elles subiront la crise de plein fouet, enregistrant une chute de leur chiffre d'affaires de 50 % à 80 % entre 1989 et 1991.

Ventes en enchères par pays au premier semestre 2002

Pays	Part de marché	Pays	Part de marché
États-Unis	38,7 %	Allemagne	2,3 %
Royaume-Uni	37,5 %	Suisse	2,2 %
France	8,6 %	Autres	8,4 %
Italie	2,3 %	Total	100 %

Source : Artprice.com

Jusqu'en 2000, les ventes aux enchères étaient menées en France par des commissaires-priseurs, qui jouissaient d'un monopole sur les ventes publiques locales, lointain héritage du roi Henri II en 1556, assorti de l'interdiction de diverses pratiques commerciales (publicité, ventes d'objets neufs, etc.). Sous la pression de la Commission de Bruxelles, saisie par Sotheby's pour entrave à la libre concurrence, le monopole est levé et Sotheby's et Christie's organisent des ventes à Paris en 2001. Il est vrai que le choix par Maurice Rheims, l'un des plus célèbres commissaires-priseurs parisiens, de se défaire de sa collection chez Sotheby's en 1995, tout comme celui de André Jammes de disperser une des plus belles collections privées de photographies à Londres en 1999, témoignent du recul de Paris et de l'urgence qu'il y avait à dépoussiérer le marché français. Ironie de l'histoire : en juin 1998, au moment où la reprise du marché de l'art semble se confirmer, l'industriel français François Pinault rachète Christie's. Les deux maisons affichent des performances similaires en 2001.

Chiffre d'affaires des maisons d'enchères, 1999
(milliards d'euros)

Christie's	Sotheby's	Drouot
2,21	2,13	0,54

Source : Moulin [2000].

Foires et salons contribuent au processus de mondialisation. Les foires de Bâle, Chicago, Cologne, Paris, Madrid, Venise et maintes autres manifestations confèrent une visibilité et une crédibilité aux marchands comme à « leurs » artistes. Une exposition à la Foire internationale d'art contemporain de Paris permet à une petite galerie de province de voir défiler plus de visiteurs qu'en des dizaines d'années… [Benhamou *et al.*, 2001].

La formation de la valeur

L'expert évalue la valeur esthétique de l'œuvre et en apprécie la valeur marchande, qui est affectée par divers facteurs d'incertitude : caprices des modes, mais aussi évolution de l'histoire de l'art qui justifie des reclassements dans les hiérarchies des valeurs esthétiques, réattributions, entrée de certains mouvements de l'art dans les grandes institutions. Sur 280 tableaux de Rembrandt examinés à Amsterdam dans le cadre d'un plan de recherche, seuls 146 ont été reconnus être de la main du maître (*The Economist*, 22 décembre 1990).

La valeur est déterminée par les « oligopoleurs de la connaissance » [Mercillon, 1977], détenteurs du savoir et de la légitimité. Du fait de ces situations d'asymétrie de l'information (voir chap. I), des réglementations définissent les règles du jeu : le conservateur, acheteur pour le compte des musées, ne peut rendre d'expertise ; en France le commissaire-priseur est responsable devant la loi, pendant dix années, de l'authenticité des indications portées au catalogue de vente. L'incertitude n'est pas toujours levée : en témoigne la querelle d'experts qui entoura la vente de l'*Immaculée Conception*, attribuée dans un premier temps à l'entourage de Vélasquez, puis redonnée au peintre et finalement vendue, dans l'incertitude quant à son attribution, quatre millions de livres, bien moins que le prix d'un Vélasquez.

Les prix. Des facteurs objectifs ?

La singularité des œuvres peut s'accommoder d'un certain degré de substituabilité : l'acheteur peut être indifférent devant la perspective de posséder différentes œuvres d'un même peintre ou de deux artistes proches. L'hétérogénéité des œuvres, indivisibles et uniques, n'empêche pas de même que le prix soit conditionné par des facteurs objectifs. Le prix est fonction du stock de capital artistique de l'artiste, c'est-à-dire de sa notoriété, de la qualité du tableau au sein de l'œuvre, du temps écoulé depuis la première exposition de l'artiste, des récompenses, des expositions en galeries et dans les musées, des prix de vente antérieurs et des formes d'expression (sculpture, peinture, art graphique). Le Kunst-Kompass, liste des cent « meilleurs artistes contemporains » publiée depuis 1970 par le magazine allemand *Capital*, mesure la notoriété des artistes selon leur présence dans les musées d'art contemporain, leur appartenance à des courants significatifs de l'art, leur présence dans les ouvrages et les revues d'art. L'artiste se voit attribuer un certain nombre de points, et le rapport prix/points permet d'apprécier dans quelle mesure il est cher ou non.

Le prix résume donc les qualités reconnues de l'œuvre par les acteurs du marché ; outre l'effet déjà mentionné du temps, il peut être décomposé en trois blocs [Chanel et *al.*, 1991]. Une part est attribuable à la reconnaissance sociale dont jouit la classe des œuvres à laquelle appartient le tableau ; une part tient à la manière dont sont évaluées des caractéristiques spécifiques de l'œuvre ; un terme résiduel traduit l'effet aléatoire de variables inconnues ou non mesurables. Si on repère l'ensemble des caractéristiques objectives, taille du tableau, technique employée, année de création, transactions dont il a déjà fait l'objet, etc., de telle manière que l'on isole l'effet aléatoire, on construit une suite de prix annuels moyens de tableaux rendus standard qui constituent un indice de prix.

Si l'on fait l'hypothèse que le marché de l'art est concurrentiel, il convient de prendre en compte des variables relatives à la demande : revenu des acheteurs potentiels, taux de rendement des actions et des obligations : la crise des années quatre-vingt résulte en partie du retrait de « nouveaux collectionneurs » dont les revenus provenaient d'autres marchés spéculatifs.

La crise du marché dans les années quatre-vingt-dix

Le marché de l'art, loin d'être isolé ou protégé des aléas de la conjoncture, en subit régulièrement les mouvements : le chiffre d'affaires des grandes maisons d'enchères, après avoir grimpé avant 1974, chute avec la crise et ne retrouve son niveau de 1974 qu'en 1985 ; il s'accroît très vite ensuite pour s'effondrer en 1990. Nombre de tableaux demeurent alors invendus en enchère, s'ils ont des prix de réserve. Les marchands doivent écouler des stocks constitués au plus fort de la spéculation. Le marché demeure ensuite erratique.

Retrait brutal des acheteurs, effets de la récession économique, crise de confiance alimentée par divers épisodes malheureux (un faux record pour un Kandinsky dont le prix aurait été moindre que le prix annoncé en fonction d'un arrangement passé en secret, enchères pour des toiles peintes à la chaîne dans des ateliers de Russie, enquêtes sur de fausses sculptures, faux Basquiat présentés à la FIAC en 1994, etc.) : tout a concouru à l'éclatement d'une bulle spéculative. Qu'entend-on par là ? La détention d'un titre financier donne naissance à deux types de gains : la perception d'un revenu durant la durée de vie de l'actif et la possibilité de la perception d'une plus-value. Sur le marché de l'art, la première correspond à l'utilité retirée de la détention de l'œuvre, plaisir, rémunérations symboliques, et la seconde de l'éventualité de gains dans un environnement fortement spéculatif. Lorsque la différence entre le prix des actifs et leur valeur fondamentale, définie comme la somme des valeurs actuelles d'un investissement, se creuse, se constitue une bulle spéculative. Sur le marché de l'art, les espérances de gain ont crû de telle manière que s'est enclenchée une spirale spéculative, puis des ventes massives et désordonnées. Le battage médiatique autour de quelques records, et l'éventualité de plus-values considérables, aura masqué un temps l'ampleur des risques liés à des achats « au plus haut ».

Parmi ceux-ci : *Les Iris* (Van Gogh), vendu chez Sotheby's, en 1987, 323,4 millions de francs, *Les Noces de Pierrette* (Picasso) à Drouot, en 1989, 315 millions, et *Le Massacre des Innocents* (Rubens) adjugé 45 millions de Livres chez Christie's à Londres en 2002.

L'achat d'œuvres d'art est-il rentable ?

Comment, malgré l'ampleur des crises, ne pas succomber à la tentation de voir le placement en œuvres d'art comme la source de rendements inespérés sur les marchés financiers, quand on sait que le *Bouquet de fleurs* de Vlaminck, acheté 600 francs en 1920, sera vendu 500 000 francs en 1950 et dix fois plus en 1959 ? Et lorsque l'on apprend de même que la caisse des retraites de la British Railways disperse après 1987 les 2 700 pièces de sa collection d'œuvres d'art constituée dix années auparavant en multipliant par onze sa mise initiale ?

Le prix d'une œuvre d'art, si elle a quelque valeur esthétique reconnue, augmente au cours du temps. La possibilité de la revendre autorise la comparaison entre le taux de rendement des œuvres et celui d'autres actifs. Cette comparaison souffre toutefois de certaines limites. Si l'offre d'œuvres d'art, comme celle d'actifs boursiers, est relativement inélastique, les mécanismes de retour à l'équilibre sont moins efficaces pour les œuvres d'art. À la différence des titres d'une

Quelques évaluations des taux de rendement des placements en œuvres d'art

Étude	Données exploitées	Taux de rendement réel
Anderson [1974]	Peintures, entre 1653 et 1970 (13 000 prix, sous-ensemble de Reitlinger et de Meyer).	4,9 % compte non tenu des coûts des transactions, contre 6,5 % pour les actifs financiers.
Stein [1977]	Ventes aux États-Unis et en Grande-Bretagne entre 1946 et 1968 d'artistes décédés avant 1946.	Taux nominaux : 10,46 % (États-Unis) et 10,38 % (Grande-Bretagne) ; 14,3 % pour les actifs financiers.
Baumol [1986]	640 transactions séparées d'au moins vingt ans parmi les données Reitlinger entre 1652 et 1961.	Taux moyen, 0,55 % par an ; taux médian, 0,85 %. Très forte dispersion : entre – 20 % et + 27 %. Titres financiers : 2,5 %.
Frey et Pommerehne [1989]	Reitlinger et autres ; 1 198 transactions entre 1635 et 1949 et entre 1950 et 1987.	Taux moyen, 1,5 % par an ; titres financiers : 3,3 % ; 1,6 % contre 2,4 %.
de la Barre, Docclo et Ginsburgh [1994]	Peintres européens nés après 1830, impressionnistes, modernes et contemporains ; œuvres vendues en enchère entre 1962 et 1991.	À l'exception des plus grands maîtres, forte comparabilité du rendement de la peinture et des actifs boursiers ; l'étude compare les performances de Drouot, Sotheby's, Christie's.
Rouget et al. [1991]	Évolution d'un portefeuille de tableaux ; comparaisons 1970-1989 et 1970-1980.	Rendement important sur un tout petit nombre d'œuvres ; risque très élevé ; pas de comparaison avec le rendement d'un portefeuille boursier.

société, les œuvres ne sont ni substituables ni semblables ; de ce fait, le vendeur est en position de monopoleur pour les œuvres qu'il possède. Rarement échangées, leurs cours en sont *a priori* inconnus du public. Les acteurs sont peu nombreux : « Le marché de l'art n'est pas comme les autres marchés culturels, ceux des livres ou des films. Il faut que 100 000 personnes dépensent chacune 24,95 dollars pour faire un *best-seller* — un petit plébiscite. Mais il suffit de deux collectionneurs décidés pour envoyer un tableau dans la stratosphère » (*Time*, 16 mai 1994). Les œuvres produisent enfin d'éventuelles plus-values, mais pas de revenus. Malgré ces différences entre marché boursier et marché des œuvres d'art, nombre d'études ont tenté d'exploiter les données recueillies par Gerard Reitlinger [1961] sur les prix des œuvres des peintres « les plus connus du monde » vendues en enchères publiques entre 1652 et 1960, dont les ventes sont espacées d'au moins vingt ans. Le tableau page suivante indique les résultats de quelques-unes d'entre elles.

L'importance relative du risque, en ce domaine où l'œuvre peut se révéler de qualité ou de peu d'intérêt, devrait justifier un taux de rendement élevé. Une étude [Buelens et Ginsburgh, 1993] trouve un taux de rendement équivalent sur les deux marchés, et dégage une relation différée entre le prix des œuvres d'art et les valeurs boursières. Dans tous les autres travaux, la comparaison des taux de rendement réels des œuvres avec le taux de rendement des placements financiers montre que les investissements en œuvres d'art ont un coût d'opportunité élevé. Non seulement les rendements sont faibles, mais les cours sont volatiles et dispersés. Pour William Baumol [1986] une bonne connaissance de l'art ne saurait réduire cet écart significativement, tant l'« inconstance des goûts humains » leur confère un « caractère totalement imprévisible » ; dans ces conditions, il est fort peu probable de « décrocher le jack-pot dans le cas des œuvres d'art » [p. 42-43].

Ces études, qui gagneraient à poser la question du rendement d'une collection, et non pas du seul investissement en une œuvre isolée [Landes, 2000], omettent l'avantage induit, en faveur du placement en œuvre d'art, par une fiscalité favorable [Frey et Eichenberger, 1995] : en France, par exemple, les œuvres sont exonérées de l'impôt sur la fortune. Orley Ashenfelter et Kathryn Graddy [2003] soulignent l'« anomalie » suivante : les prix peuvent varier, pour des œuvres aux caractéristiques analogues, selon les maisons d'enchères et les aires géographiques. En d'autres termes la constitution d'un véritable marché mondial n'est pas complètement vérifiée, et les conditions propres à chaque marché national, et parfois même local, peuvent prévaloir dans la formation des prix. Quoi qu'il en soit, comme le note William Grampp [1989], « l'amateur prudent — l'amateur d'art qui n'est pas un *risk lover* — achète des œuvres pour le plaisir de les posséder. Il investit ou spécule sur d'autres actifs » [p. 166]. Le différentiel de rentabilité entre l'actif artistique et l'actif financier représente tout simplement le prix du plaisir esthétique [Baumol, 1986].

On saisit ici la diversité des déterminations des acheteurs. Lorsqu'en 1995 Bill Gates acquiert à prix d'or (158 millions de francs) le *Codex Hammer* de Léonard de Vinci, l'impact médiatique de l'affaire renforce la portée d'une campagne publicitaire de Microsoft, dotée d'un budget trois fois supérieur à l'adjudication du *Codex*, sur le thème : « Jusqu'où irez-vous ? »

2. Les musées

Les folies spéculatives qui se sont emparées du marché de l'art ont un temps privé les musées d'une partie des moyens d'enrichir leurs collections. Aux États-Unis, les musées et les fondations ont plus vendu qu'acheté entre 1988 et 1990, sous la pression de lois fiscales peu favorables aux donations et d'une conjoncture de dépression ; des sociétés se sont défaites de leurs collections (IBM a vendu 300 tableaux). Les musées ont dû rechercher activement de nouvelles sources de financement.

Le musée a pour fonction la transmission d'un héritage, de génération en génération, au travers de la conservation des œuvres elles-mêmes. L'institution du musée résulte ainsi du souci simultané de l'ouverture au public et du développement du caractère encyclopédique des collections, conservées hors de leur contexte initial. Du point de vue de la théorie économique, le musée est un service collectif, financé par l'État du fait de la possibilité de consommations simultanées de la part de plusieurs individus et du fait de ses effets externes [cf. chap. V]. Jean-Pierre Leniaud [1992] rapproche le comportement de l'homme de musée, qui, pour faire entrer une œuvre dans les collections publiques, est prêt à abandonner les autres à la spéculation, et celui du manager de monuments historiques, qui fait restaurer à grands frais un édifice sans se préoccuper de la récupération des abords par les spéculateurs immobiliers. L'économie des monuments et des musées serait-elle insensible à toute logique collective ?

La « fièvre muséale » des années quatre-vingt

En France, en 2000, les musées nationaux ont compté 14 millions de visiteurs, dont 10 payants ; aux États-Unis, le rapport entre le nombre de visites dans les musées et la population est passé de 22,1 % à 40 % puis 87,3 % entre 1979, 1988 et 1993 [Heilbrun et Gray, 2001]. Cette explosion de la consommation trouve pour une part sa source dans l'accroissement de l'offre. Les projets de rénovation, extension, construction se sont multipliés à partir des années quatre-vingt. Au Japon, trois cents musées sont nés en 15 ans, et le seul musée national de Tokyo vient d'inaugurer deux nouveaux bâtiments. À Berlin, à la faveur de la réunification, l'île des Musées est en cours de rénovation. À Los Angeles, une partie des collections du musée Getty a rejoint en 1996 un bâtiment construit par Richard Meier. À Paris, le Louvre a doublé ses surfaces d'exposition et confié à Pei un projet architectural audacieux. En province, la plupart des grands musées (Rouen, Lille, Lyon, etc.) rénovent les espaces, repensent les circuits et l'exposition des œuvres, s'agrandissent ou sortent de terre (à Nîmes, en Arles, à Grenoble, à Clermont-Ferrand, etc.). Les projets s'inscrivent dans le cadre d'une politique d'aménagement du cadre urbain, de son centre (Nîmes) ou de sa périphérie (Arles), et l'attention porte tout autant sur les collections que sur le bâtiment. Partout on fait appel aux grands noms de l'architecture, Foster à Nîmes, Pei à Paris et à Washington, Meier à Francfort, Stirling à Stuttgart, Botta à San Francisco, Ciriani dans la Somme, Gehry à Bilbao, etc. Dans l'ensemble, on constate l'importance des coûts en regard des moyens de fonctionnement. La fragilité de systèmes de décision qui disjoignent la question de l'investissement de celle du fonctionnement, qui ne tiennent pas de comptabilité en termes d'amortissement, est le résultat certes non nécessaire du caractère non marchand de ces institutions. Aux États-Unis, malgré les coupes budgétaires et les difficultés de tous ordres qui ont pu conduire à des licenciements, des fermetures de salles, des réductions de programmes, la vogue de la construction d'ailes nouvelles et la mode des rénovations, au musée Guggenheim, au Met, au Brooklyn Museum, etc., participent de la recherche d'un effet médiatique destiné à accélérer la levée de ressources privées nouvelles.

La diversité des institutions et des missions. — Aux États-Unis, la moitié des musées (tous domaines confondus) sont privés ; les autres peuvent être publics (la National Gallery à Washington fondée grâce à un legs d'Andrew Mellon sous condition de la prise en charge des coûts de fonctionnement par l'État) ou mixtes. Dans ce cas, bâtiment et terrain sont la propriété de l'État, tandis que les collections appartiennent au bureau des *trustees* (administrateurs bénévoles). Tel est le cas du Metropolitan Museum à New York, qui résulte de l'initiative, vers 1870, d'une cinquantaine de collectionneurs, le terrain étant concédé par la ville. En France, en revanche, plus de 60 % des musées sont la propriété de l'État ou des collectivités locales.

Quel qu'en soit le statut, le musée est une institution non marchande (*non profit*, aux États-Unis, *charity* en Grande-Bretagne), sans but lucratif. D'un point de vue économique, cela pose la question de l'identification des *outputs* que le gestionnaire du musée est appelé à maximiser. Les missions des musées sont en partie contradictoires. Au début du XIXe siècle, les artistes et les copistes y travaillaient ; le public n'y avait accès qu'un jour par semaine. Cette fonction s'est peu à peu marginalisée, pour laisser place aux deux missions fondamentales du musée : conserver, exposer. S'est ajoutée une fonction éducative et pédagogique qui lie, dans les années 1880, la réorganisation des musées à celle de l'école (R. Schaer, *L'Invention des musées*, Gallimard, 1993). Mais l'exposition de certaines œuvres en accélère la dégradation physique ; l'ouverture vers de nouveaux publics requiert une politique d'acquisitions, de communication qui ne coïncide pas nécessairement avec les attentes du public plus cultivé. L'accès du grand public, préconisé de longue date (d'Angiviller obtint de Louis XIV que les collections royales fussent ouvertes), est vécu avec une prévention inégale par le monde de la conservation, partagé entre une conception élitaire de son métier, dont la sanction passe par l'approbation par les pairs, et le sentiment de la valorisation de l'institution par la montée des taux de fréquentation.

La coexistence de différents publics est parfois conflictuelle : « Pour y faire face, les musées pourraient considérer qu'ils développent deux musées, l'un destiné à servir le grand public, et l'autre les donateurs et les adhérents aux attentes plus sophistiquées » [Feldstein, 1991, p. 334]. John Montias [1973] préconise de privilégier le public plutôt que le spécialiste, pour des raisons économiques (le musée vit des impôts payés par le public) et sociologiques (le spécialiste trouvera toujours un moyen d'avoir accès aux œuvres des collections privées et aux réserves), par le développement d'espaces de convivialité, restaurants, boutiques, librairies, etc.

L'évolution des projets esthétiques et des missions assignées au musée détermine l'organisation du travail ; Vera Zolberg [1983] distingue pour les musées américains une succession de modes d'organisation qui va d'une période pré-professionnelle, caractérisée par l'emprise d'amateurs fortunés, à la prise du pouvoir par les conservateurs, puis à celle plus récente des gestionnaires au nom de la réponse à des demandes de publics « multiformes » aux références esthétiques mal définies. Ce schéma s'applique au modèle français dont l'organisation reflète la gestion d'un rapport de force incertain entre les conservateurs et les gestionnaires. L'insistance des conservateurs pour voir désigner l'un des leurs à la tête de la Direction des musées de France en 1993 en témoigne.

Des financements diversifiés. — Trois sources de financement coexistent : financement public central ou local, mécénat, recettes propres (entrées payantes, produits dérivés, diverses dépenses sur place, revenus des placements). En 2001, le budget du Louvre est couvert à 56,2 % par des subventions [Rapport d'activité], tandis qu'en 1988 les grands musées américains ne font appel à des fonds publics que pour 33,6 % de leur budget, et comptent pour le reste sur leurs recettes propres (18 %), le revenu de leurs placements (14,1 %) et des apports privés (34,3 %) [Rosett, *in* Feldstein, 1991]. La part des ressources publiques a diminué depuis, et ne se monte plus qu'à 14 % du budget en 1997 [source : Assoc. of Art Museums Directors, 1998].

Lorsque la part des apports privés, plus sensibles à la conjoncture, augmente, l'équilibre financier du musée devient fragile. Le Metropolitan Museum de New York a dû assumer simultanément la réduction de l'apport de la ville (qui a diminué de 50 % entre 1982 et 1992) et les effets de la crise : les entreprises, devenues moins généreuses, se tournent vers des programmes sociaux ou caritatifs, et la direction du musée a décidé d'élargir à l'Europe sa recherche de mécènes.

La mise en place de services chargés de commercialiser des produits dérivés afin de trouver des recettes nouvelles n'est pas allée sans heurt. Ces produits, lancés par les musées américains (mais Louis XIV déjà souhaita envoyer des reproductions aux grandes cours européennes), constituent une source de recettes croissante. Les catalogues d'exposition sont devenus un élément très durement concurrentiel pour les éditeurs d'art. À Washington, la Smithsonian Institution, qui regroupe les institutions culturelles fédérales, tire une partie de ses ressources de l'édition d'une revue et des enregistrements réalisés à partir de ses archives musicales.

Afin d'optimiser la recherche de recettes propres, les musées nationaux français ont adopté un système original, qui regroupe les fonctions commerciales au sein de la Réunion des musées nationaux, établissement public à caractère industriel et commercial chargé de recueillir et de redistribuer ces recettes, d'acquérir, d'organiser les expositions, de préparer l'accueil des publics, d'éditer et de diffuser. L'apport net des produits dérivés sur le financement demeure marginal (quelques % du budget), d'autant que le développement de recettes propres, dans des institutions dont l'équilibre financier est de fait garanti *a posteriori*, « ne répond pas à une nécessité vitale » [Bayart et Benghozi, 1993]. Le chiffre d'affaires par visiteur dans les musées nationaux n'est que de 5 euros en 1998 [source : RMN].

Des musées ont été amenés à se défaire d'œuvres jugées mineures ou marginales par rapport à leurs centres d'intérêt, afin de financer des acquisitions nouvelles ou des opérations de rénovation ; cette pratique (ou *deaccessioning*), courante mais controversée aux États-Unis, demeure exceptionnelle en Europe. Lorsque le Metropolitan Museum mit en vente un Douanier Rousseau et un Van Gogh afin d'acquérir une toile de Caracci, un maniériste italien du XVIe siècle, l'affaire fit grand bruit. Le musée de Pennsylvanie a décidé de vendre de même une toile de Matisse, *La Crevette rose*, estimée 4 millions de dollars, afin de profiter des retombées de l'exposition Matisse de New York. Si la logique économique en est indéniable [Montias, 1973], la plupart des conservateurs sont hostiles au principe même de l'aliénabilité du patrimoine. Les arguments ne manquent pas : le Met a sans doute regretté la vente de toiles de Meissonnier ou de Detaille (*Beaux-Arts*, février 1990), et la vente, lorsque nul ne s'y intéressait, des pompiers aurait appauvri considérablement les futures collections du musée d'Orsay. Cette pratique est de plus contradictoire avec le souci de l'accroissement des dons et des legs, que la perspective d'une revente risque de décourager. La tendance à accepter une certaine fluidité des collections semble toutefois gagner du terrain : les musées hollandais doivent dresser un inventaire complet de leurs collections qui stipule la liste des œuvres qualifiées de mineures et qui sont susceptibles d'être commercialisées sur le marché de l'art.

La gestion des musées : le paradoxe de la valeur

Le musée est l'une des institutions culturelles les plus riches, par la valeur des œuvres qu'il possède, et les plus pauvres, par le décalage entre cette valeur et son budget. Lorsqu'il prête des œuvres afin de décorer les palais nationaux, il ne perçoit aucun intérêt. C'est un facteur d'inefficacité, qui résulte de l'absence de prise en compte de la valeur du capital détenu dans les calculs économiques auxquels il procède. Récemment, toutefois, des musées américains ont entrepris de louer leurs collections. Le musée Whitney a signé en 1994 un accord de sept ans en vertu duquel il enverra au musée San Jose de Californie une centaine d'œuvres, moyennant une somme de 4,4 millions de dollars dont 1,4 million versé par le musée californien. Plusieurs autres musées préparent des accords analogues : le musée Salomon R. Guggenheim avec le musée de Bilbao, en Espagne, ou celui de Boston avec un musée japonais. De même il devient possible de louer des expositions : le Victoria & Albert Museum a organisé au Japon une série d'expositions qui lui ont apporté 8,85 millions de francs en 1994. Mais cette politique peut se révéler contradictoire avec la mission du musée, prêteur à titre gratuit.

La construction d'une fonction de production. — Le musée combine du travail hautement spécialisé (conservation), du travail non qualifié et du capital. Les musées ont tenté d'accroître leur productivité, par exemple par la sous-traitance de certains travaux (gardiennage, nettoyage). Les coûts sont fonction du nombre de visiteurs et des salaires du personnel ; ils comprennent les dépenses de promotion (publicité, campagnes d'adhésion), le coût des expositions et des activités éducatives, celui de la conservation et de l'entretien des œuvres. Le capital se caractérise par l'importance de la valeur des stocks par rapport à celle des achats, et par l'inertie de sa composition, la vente d'œuvres demeurant exceptionnelle, voire interdite. Le musée dégage des économies d'échelle : tous ces coûts augmentent moins vite que la taille du public, du moins tant que le nombre de

L'enrichissement des collections publiques

Outre l'achat auprès des collectionneurs, les musées disposent de divers moyens d'enrichir les collections publiques dont certains les aident à pallier la faiblesse relative des crédits d'acquisition (23,4 millions d'euros pour les musées nationaux, 4,6 pour le musée national d'Art moderne, 4,3 pour les autres musées en France en 2000) :

— le droit de préemption, dans les ventes aux enchères, consiste en une priorité d'achat ; il peut s'exercer à la douane. Des pièces sous-déclarées ou non déclarées y sont régulièrement saisies (des Arp ont ainsi rejoint le MNAM) ;

— la loi du 31 décembre 1968 (étendue en 1973) sur les dations permet de payer les droits de succession en œuvres d'art ; la dation Pierre Matisse en 1992 fit entrer dans les musées des Miro, des Cézanne, des Dubuffet, des Matisse ; bien plus importante, la dation Picasso (1979) fut à l'origine du musée consacré à l'artiste dans le Marais à Paris. L'impôt de solidarité sur la fortune peut être acquitté sous forme de dations. L'État passe aussi des conventions au terme desquelles une dation est prévue. Le banquier Jean-Marc Vernes a acquis dans ce cadre le cabinet de Marie-Antoinette ;

— depuis la loi du 23 juillet 1987, les entreprises peuvent déduire de leur bénéfice imposable pendant dix ans et par fractions égales les dépenses inhérentes à l'achat d'œuvres d'art, dans la limite de 3 % du chiffre d'affaires, si elles s'engagent à donner l'œuvre à l'État au bout de ces dix années au maximum, et si l'œuvre est présentée au public. Les compagnies d'assurances peuvent inscrire dans leurs provisions les sommes consacrées à l'achat d'œuvres d'art interdites d'exportation, et laisser une option d'achat aux musées nationaux : le GAN a acheté et prêté au musée d'Orsay *Les Villas à Bordighera*, de Claude Monet ;

— des particuliers ou des États peuvent faire des donations ; l'Égypte a offert à la France le buste en grès du pharaon Aménophis IV en remerciement de travaux de sauvegarde ;

— le classement d'une œuvre, qui implique l'interdiction d'exporter, entraîne une décote sur le marché de l'art. Il a permis à des musées d'acquérir des œuvres à un prix inférieur à celui qui aurait résulté du libre jeu de l'offre et de la demande. Mais l'État français a été condamné à verser à Jacques Walter 145 millions de francs en raison du préjudice occasionné par le classement du *Jardin à Auvers* de Van Gogh (adjugé 55 millions de francs en décembre 1992, et estimé à 300 millions de francs sur le marché international) ; passé un délai de trois ans, l'État doit désormais lever l'interdiction ou indemniser le propriétaire ;

— des souscriptions supplantent parfois les fonds publics ; en 1890, Claude Monet rassembla 20 000 francs pour acheter l'*Olympia*, de Manet. En Grande-Bretagne, les *Trois Grâces* de Canova, convoitées par le musée Getty, ont ainsi pu rester sur le territoire national.

visiteurs reste inférieur à un seuil. Des études ont ainsi montré qu'au-delà de 100 000 visiteurs par an, un accroissement de 10 % du nombre de visiteurs entraîne une hausse moyenne des coûts de l'ordre de 12,8 % [Peacock et Godfrey, *in* Blaug, 1976 ; Jackson, 1988]. Ce résultat rejoint les conclusions d'études portant sur le spectacle vivant [Lange et *al.*, 1985]. L'accroissement de la production, mesurée par le nombre de visiteurs, n'exige donc pas d'augmenter fortement les *inputs*, sauf en cas de congestion.

La fixation du prix du billet d'entrée. — En Grande-Bretagne, en 1974, l'entrée de certains musées publics devient payante. Aux États-Unis, le Met ne demande qu'une contribution volontaire. L'idée que le musée doit rester gratuit demeure vivace ; au-dessus de l'entrée du St. Louis Art Museum on peut lire gravé dans la pierre : « Gratuit pour tous » [Rosett, *ibid.*, p. 144]. En France, dès la fin du siècle dernier, on a commencé à s'interroger sur le prix du billet. Les musées pratiquent des politiques de discrimination par les prix selon les catégories de visiteurs et l'heure de la visite ; on a toutefois pu observer que la fréquentation est faiblement corrélée au prix [O'Hagan, 1995]. Le rétablissement de la gratuité un dimanche par mois au Louvre, ainsi que dans d'autres musées, n'a entraîné qu'un faible accroissement de la part des familles d'origine modeste.

Les revenus des billets d'entrée demeurent faibles : 5 % du revenu des 150 plus grands musées américains [Feldstein, 1991] mais 18 % pour le Louvre. L'absence de « juste prix », du fait de la faiblesse du coût marginal du visiteur supplémentaire, conduit le musée à procéder à des ajustements par les quantités plutôt que par les prix, en réduisant les heures d'ouverture par exemple. La Bibliothèque nationale à Paris a longtemps utilisé la fermeture de cotes en réponse à la pénurie budgétaire. C'est là un comportement typique des institutions non marchandes.

Le dilemme acquisitions/exposition. — La fixation de la part des dépenses pour les acquisitions n'est pas liée à l'espace disponible pour l'exposition permanente de la collection. Le rapport entre le nombre des œuvres exposées et celui des œuvres en réserve est de l'ordre de 50 % aux États-Unis [Grampp, 1989], mais peut devenir dérisoire : 5 % à Paris au musée national d'Art moderne qui pousse à l'extrême cette distorsion entre rythme des acquisitions et possibilités d'exposition. Une exposition temporaire, sous l'intitulé « Manifeste », a permis au public, en 1992, de découvrir un peu plus... du dixième des œuvres entrées depuis 1977. Il est vrai que le coût d'opportunité du maintien des œuvres en réserve est faible. Grande est la tentation de privilégier les acquisitions au détriment des actions en direction du public : l'achat immédiat d'une œuvre unique, avec ses retombées pour les générations futures, dont la décision est irréversible, prévaut sur les avantages retirés d'une exposition permanente que l'on peut différer.

Cette logique d'accroissement des collections débouche sur des plans d'extension des surfaces d'exposition : la fonction de conservation nourrit la fonction d'extension. Les expositions temporaires constituent une réponse à la demande sociale d'accès aux œuvres en l'absence de surfaces d'exposition permanente à la mesure de l'importance des collections. Elles permettent de capter les demandes d'option (les demandes d'utilisation future), et les responsables des musées en espèrent des retombées économiques. P. de Montebello, directeur du Met, souligne ainsi que « le programme d'expositions d'un musée tend à être considéré par les gestionnaires du musée comme étant au service du budget et non l'inverse » [Tobelem, 1990, p. 89]. Pourtant, les recettes nettes ne sont pas considérables : le budget pour l'année 1992 des expositions nationales a été en France de 62,6 millions de francs pour 77,1 millions de francs de recettes.

L'économie des musées semble ainsi symptomatique de l'économie de l'ensemble des domaines de l'art ; ballottés entre des objectifs contradictoires, soumis plus qu'on ne le croit aux aléas des conjonctures économiques et politiques, gérant des « événements » à la manière des entreprises de spectacle vivant, partant à l'assaut des marchés industriels des produits dérivés, contraints enfin de céder aux nouvelles technologies de diffusion de leurs trésors, les musées intègrent progressivement la dimension économique de la décision tout en tentant de préserver leur image.

3. Les monuments historiques

Le souci de protéger les monuments historiques date de la Révolution française, lorsque l'abbé Grégoire, alerté par les atteintes aux œuvres d'art et les destructions de châteaux et de cathédrales, demande au peuple de faire cesser les actes de « vandalisme » qui déconsidèrent les révolutionnaires. Bien plus tard, en 1836, Prosper Mérimée est chargé de parcourir la France afin de répertorier les monuments susceptibles d'être classés. Les lois de 1887 et de 1913 définissent les procédures de classement et d'inscription, qui seront étendues aux objets mobiliers, puis complétées par des dispositions concernant les abords des monuments et les centres historiques des villes.

Peuvent être classés des « immeubles dont la conservation présente au point de vue de l'histoire ou de l'art un intérêt public » ; l'inscription à l'inventaire supplémentaire des monuments historiques permet de protéger des « immeubles ou parties d'immeubles publics ou privés qui, sans justifier une demande de classement immédiat, présentent un intérêt d'histoire ou d'art suffisant pour rendre désirable la préservation ». Le classement est généralement demandé par le propriétaire, mais l'État peut le mettre en œuvre d'office lorsque le bâtiment est en danger.

En Grande-Bretagne, outre le English Heritage qui gère un certain nombre de monuments historiques, une fondation, le National Trust, acquiert ou reçoit sous forme de dons des propriétés dont elle assure la préservation : le propriétaire qui fait don de sa demeure est exempté de droits de succession et peut continuer à l'occuper à titre gratuit tout en en respectant le caractère et en assurant une ouverture au public. À la troisième génération, la famille ne conserve plus qu'une partie des lieux, moyennant un loyer.

Aux États-Unis, dès 1858, Ann Pamela Cunningham crée une association afin de racheter la demeure de George Washington. Toutefois, c'est en 1936 et en 1966 que l'État central prend des mesures de protection des bâtiments historiques. Il ne contribue pas aujourd'hui au financement des restaurations qu'il laisse à la charge des autorités locales, des mécènes ou des citoyens.

La croissance du parc des monuments protégés et les coûts induits

La notion de patrimoine recouvre des réalités très hétérogènes, depuis le patrimoine monumental le plus « naturellement » associé à l'héritage culturel national jusqu'à des maisons privées qui témoignent d'une architecture révolue ; le statut des lieux est variable : parmi les châteaux de la Loire, on trouve des propriétés de l'État (Chambord), de départements (Sully-sur-Loire), de communes (Blois), de fondations (Amboise) ou d'instituts (Langeais), ainsi que des propriétés privées (Chenonceaux) parfois gérées directement par la famille (Cheverny).

Le nombre de monuments classés ou protégés augmente en permanence du fait d'ajouts historiques (monuments du XIXe, telle la gare Orsay, puis du XXe siècle comme la villa Savoye construite par Le Corbusier) et de l'extension du concept de patrimoine à des éléments du patrimoine industriel (la verrerie du Creusot), à des jardins, des commerces (café Bibent à Toulouse), ou à des éléments du patrimoine maritime (écluses du canal du Midi). La préservation va de pair avec la volonté de conserver la mémoire de fonctions économiques périmées. Au total, fin 2000, près de 40 000 monuments sont protégés ; 50 % appartiennent à des propriétaires privés ; 30 % sont des édifices religieux.

Nombre de monuments classés ou inscrits

Année	1986	1988	1990	1992	1994	1996	1998	2000
Classements	109	130	166	180	180	164	64	77
Inscriptions	739	836	595	762	593	563	412	399

Source : ministère de la Culture, 2001.

L'accroissement des coûts relatifs de l'entretien de ce patrimoine est inéluctable. Les méthodes exigent des savoir-faire de plus en plus rares et des matériaux dont certains sont en voie de disparition. Les salaires sont plus élevés que dans le bâtiment « ordinaire », du fait des qualifications requises : la formation des tailleurs de pierre exige six à dix années de vie professionnelle. De 2 500 en 1970, ils sont passés à 1 200 en 1980 [Bady, 1985]. La quasi-incapacité de ce secteur à générer des gains de productivité, dès lors que les opérations de restauration exigent la mise en œuvre de méthodes et de processus de travail inchangés, à l'exception de quelques tâches comme le transport des matériaux pondéreux, conduit ainsi à l'accroissement permanent des besoins de financement [Benhamou, 1996]. Ces besoins sont d'autant plus élevés que le patrimoine se dégrade en permanence, surtout quand il est ouvert à la visite.

Les contradictions de l'offre

L'ajustement de l'offre à la demande est problématique : on ne sait qu'approximativement évaluer le prix que le consommateur est prêt à payer. On peut l'assimiler au coût du voyage (Clawson et Knetsh, *Economics of Outdoor Recreation*, John Hopkins Press, Baltimore 1966) ou aux dépenses effectuées à l'occasion de la visite. Mais cela revient à limiter la demande de patrimoine à celle de tourisme et à attribuer à la visite des dépenses au statut varié : elle n'est pas nécessairement le seul but d'un voyage et, si plusieurs monuments sont visités à l'occasion d'un même déplacement, l'évaluation de la demande par site devient impossible. Les évaluations contingentes, bien que très controversées en économie, consistent en l'appréciation de la disposition à payer des usagers sur la base d'un questionnaire. Un numéro spécial du *Journal of Cultural Economics* (volume 27, n° 3-4, 2003) en présente les méthodes, les principaux résultats et les limites.

Si la demande de patrimoine renvoie aux services qu'on en attend : visite, apport éducatif, animation, l'offre comprend des biens, des supports (le cadre bâti), qui ne sont pas nécessairement associés à ces services. « Tout se passe donc en quelque sorte comme si nous étions en présence d'une double économie du patrimoine. Vue du côté de la demande, c'est une économie de services patrimoniaux, vue du côté de l'offre, c'est d'abord l'économie d'un objet [...]. L'opération de transformation du support en services n'est donc pas "naturellement" assurée. Pire, le patrimoine peut prendre une valeur indépendamment de son aménagement et donc des services qu'il pourrait rendre ainsi, du simple fait de la rente que son détenteur peut percevoir à l'occasion d'un regard ou d'une visite. Au contraire de ce qui se passe dans l'analyse économique pour les activités donnant lieu à production, la valeur d'un patrimoine pour son propriétaire n'est pas celle des services qu'il rend mais celle des rentes qu'il procure » [Greffe, 1990, p. 42-43].

Dix années de « grands travaux »

Bâtiment	Architecte(s)	Coût [1]	Date [5]
Musée d'Orsay	Gae Aulenti	200	1986
Parc de la Villette	Bernard Tshumi	200	1986
Musée des Sciences	Adrien Fainsilber	820	1986
Institut du monde arabe	Jean Nouvel	64,64 [2]	1987
Opéra Bastille	Carlos Ott	426,86	1989
Arche de la Défense	Paul Andreu, Otto von Spreckelsen	566,35 [3]	1989
Ministère des Finances	Paul Chemetov, Borja Huidobro	560	1989
Cité de la Musique	Christian de Portzamparc	170	1994
Museum	Paul Chemetov, Borja Huidobro	150 [4]	1994
Grand Louvre	Ieoh Ming Pei	910	1995
Bibliothèque de France	Dominique Perrault	1 189,1	1995

1. En millions d'euros 2. 180 millions ont été payés par des pays arabes. 3. Dont 533,57 millions de fonds privés. 4. Y compris la restauration des musées de l'Homme, de la Technologie et du Palais de la découverte. 5. D'inauguration.

Ce décalage entre l'offre et l'objet de la demande peut naître à l'occasion de la construction de monuments importants. Georges Pompidou conçut le projet du futur centre Georges-Pompidou qui abrite notamment le musée national d'Art moderne ; Valéry Giscard d'Estaing conçut l'installation d'un musée dans l'ancienne gare d'Orsay, la création d'un parc à La Villette, autour d'un musée des Sciences, l'Institut du monde arabe ; François Mitterrand bâtit quant à lui dès 1981 un programme plus vaste encore. Cette tradition d'enracinement du pouvoir dans la pierre ne date guère d'aujourd'hui. « Sur quatre siècles, on pourrait observer le même goût du secret, la même mobilisation de l'appareil d'État et des élites du pouvoir, le même émoi dans la ville à l'annonce du nouveau défi, la même application procédurienne dans la conduite des travaux et la même magnificience sur les coûts » (Rioux, *L'Histoire*, janvier 1995).

Les dérives de l'intervention publique

Du point de vue de la théorie économique, les monuments historiques, biens uniques et non reproductibles, sont des biens semi-publics (cf. chap. V) : ils génèrent des effets externes, prestige national, effets touristiques, véhiculent des valeurs collectives, contribuent à forger l'identité nationale. Ils sont partie prenante des paysages nationaux et conduisent le visiteur à des dépenses induites. « Il y a deux choses dans un édifice : son usage et sa beauté. Son usage appartient au propriétaire, sa beauté à tout le monde ; c'est donc dépasser son droit que de le détruire » (Victor Hugo, « Halte aux démolitions », *Littérature philosophie mêlées*, 1832, Paris).

Ce caractère de bien collectif justifie l'intervention de l'État, garant de la transmission du patrimoine aux générations futures par les aides qu'il octroie et le contrôle scientifique qu'il exerce en retour. L'intervention publique tient aussi au fait que les seules décisions marchandes ne sauraient conduire à des solutions optimales en matière de restauration [Mossetto, *in* Peacock et Rizzo, 1994, Peacock éd. 1998] : la décision de restaurer devrait en effet résulter de la comparaison rationnelle de la valeur avant et après restauration, compte tenu du coût de celle-ci. Mais l'appréciation de la valeur varie selon la position occupée, et la puissance publique s'arroge le droit d'imposer le choix qui maximise le bien-être collectif, compte tenu du caractère souvent irréversible des décisions en matière de restauration.

La loi prévoit que les travaux de restauration pourront être pris en charge par l'État à hauteur de 50 % de leur montant pour les monuments historiques (la subvention pouvant être augmentée par les collectivités territoriales) et de 20 % à 40 % pour les monuments inscrits. Des subventions indirectes complètent cet apport : déductions fiscales pour la part des travaux financée par le propriétaire, mais aussi pour les frais de gérance et de gardiennage, exonération des droits de succession si les héritiers ont souscrit une convention qui prévoit les modalités d'accès du public. En contrepartie, le propriétaire doit ouvrir sa demeure à la visite (éventuellement payante) du public. L'État s'assure la maîtrise d'ouvrage pour les travaux les plus lourds ; il désigne les entreprises agréées. Aucun travail ne peut être entrepris sur le bâtiment sans l'avis des services des Monuments historiques. L'édifice ne peut être vendu sans que le ministère de la Culture n'en ait été averti.

La subvention n'a jamais été évaluée du point de vue de ses effets sur la répartition des patrimoines privés. La combinaison d'aides et d'avantages fiscaux, qui peut être interprétée comme la contrepartie des effets externes positifs du patrimoine, conduit à l'injection de fonds publics dans des portefeuilles de richesses privées sans que ne soit prévue de contrepartie (seuls les droits de succession doivent être payés en cas de cession). Condition parmi d'autres de la préservation du patrimoine national, cette situation aurait pu être assortie de la récupération de sa mise par la puissance publique, en cas de cession du bien et de réalisation d'une plus-value foncière, les sommes ainsi collectées pouvant ensuite être destinées à être réinjectées dans d'autres opérations de restauration [Benhamou, 1996 ; Rizzo et Towse, 2002]. Mais il est à l'inverse possible d'interpréter la subvention comme une compensation de la capture d'une part des droits de propriété par la collectivité. La question de la juste compensation est complexe, car la valeur du bien change dès lors qu'il est protégé [Benhamou, 2004b] : les préjudices occasionnés (servitudes liées à la protection, entraves à l'exercice de la propriété privée) se voient « naturellement » compensés par le marché lorsque la valeur du bien s'accroît avec le classement.

Une régulation est-elle possible ? — Une fois un édifice inscrit ou classé, rien en principe ne peut provoquer le déclassement. L'accroissement permanent du parc des monuments protégés n'est assorti d'aucune procédure de régulation. Dans la mesure où la protection va de pair avec le versement d'aides, on aperçoit que les coûts à la charge de la puissance publique sont appelés à augmenter sans cesse. Face à la rareté de ses ressources, l'État est amené à différer sa dépense : il aura fallu attendre que des risques sérieux menacent le visiteur pour que la décision soit prise d'entreprendre des travaux de restauration au Grand Palais à Paris. En Espagne, le Liceu, le théâtre lyrique de Barcelone, a été ravagé par un incendie, alors qu'un rapport en avait souligné le mauvais état dès 1991. Maints exemples peuvent ainsi être avancés du comportement d'un État plus volontiers bâtisseur que restaurateur.

L'animation ou la réutilisation des monuments permettent de générer des revenus (billetterie et comptoirs de vente, dépenses d'hôtel, de restaurant, etc.). La chaîne des hôtels « Relais et châteaux » a été lancée en 1954 avec l'idée que la réutilisation des monuments historiques à des fins hôtelières était un moyen d'en préserver l'existence. À Joinville, en Haute-Marne, la restauration du château permet d'abriter des manifestations musicales qui font vivre hôtels et restaurants, dans une commune désindustrialisée [Greffe, 1999]. Mais les retombées économiques peuvent être assorties de coûts pour la collectivité, encombrement, dégradations. Éventuellement menaçante pour l'authenticité des lieux et ambiguë dans ses incidences symboliques, l'animation n'en constitue pas moins, intelligemment déclinée, une voie pour que l'entretien du monument s'assortisse de sa mise à la disposition, ne serait-ce qu'occasionnellement, du public qui aura indirectement contribué à cet entretien.

Quoi qu'il en soit, le coût de l'entretien n'est qu'exceptionnellement couvert par les revenus de l'animation. Préoccupations patrimoniales et préoccupations économiques ne font pas toujours bon ménage, et peut-être est-ce heureux. Le champ du patrimoine est, de ce point de vue, bien éloigné du domaine des industries culturelles ;

pourtant, celles-ci n'y sont guère indifférentes, qu'il s'agisse de trouver un cadre pour tourner un film ou d'exploiter les produits dérivés des œuvres d'art. Lorsque la chaîne japonaise NTV annonce qu'elle prend en charge la restauration de la chapelle Sixtine, elle négocie l'exploitation exclusive des images des œuvres de Michel-Ange remises à neuf… Et le lancement d'une exposition comme celle que le Grand Palais à Paris consacre à Paul Cézanne en 1995 s'apparente en tous points à celui du film inspiré du roman de Jean Giono, *Le Hussard sur le toit…* Les deux « produits » auront d'ailleurs coûté fort cher, chacun en son domaine, 21,8 millions de francs pour Cézanne, 176 millions pour le film de Rappeneau, requérant un nombre de « consommateurs » à la mesure de l'effort accompli.

IV / Les industries culturelles. Livre, disque, cinéma

Avec les industries culturelles, nous passons de l'étude des œuvres uniques à celle, plus traditionnelle en économie, des œuvres reproductibles. Walter Benjamin [1935] voit dans la reproduction le facteur le plus sûr de la destruction de l'aura de l'œuvre, de la « dévaluation de son authenticité ». Pourtant, la création demeure présente en amont du processus de production et l'originalité, au fondement de la formation de la valeur des œuvres uniques, ne disparaît pas avec les œuvres multiples : « La lutte pour occuper la place d'auteur dans un film, le charisme des vedettes, la valorisation de tout simulacre de création sont tout aussi puissants dans le monde du cinéma que dans celui de la peinture » [Melot, *in* Moulin éd., 1985, p. 193]. La rareté conférant sa valeur à l'œuvre, la production des multiples s'applique à la créer, en mettant le talent en vedette.

Les industries culturelles, édition de livres, de disques, de films, affrontent des risques importants, qu'elles gèrent en multipliant les produits offerts, et en tentant d'en maîtriser la distribution. À la merci de marchés peu prévisibles, les plus grandes firmes s'abritent des échecs par des politiques de concentration et délèguent à quelques passionnés la charge de l'innovation. D'un côté, le paysage des groupes se compose autour d'alliances internationales pour la maîtrise de marchés dont les possibilités d'extension semblent gigantesques. D'un autre côté émergent de petites sociétés et des structures « verticalement désintégrées » [Christopherson et Storper, 1989], organisations flexibles qui font appel à des sociétés extérieures pour toutes sortes de prestations.

Des rapprochements se dessinent : le livre à succès peut donner lieu à l'écriture d'un scénario, dont le film sera accompagné d'une musique enregistrée à des millions d'exemplaires. *Forrest Gump*, troisième grand succès de l'histoire du cinéma, permet de vendre 1,8 million d'exemplaires du roman qui lors de sa sortie a péniblement atteint les 9 000 exemplaires... Les industries culturelles tissent

Le cycle de vie des supports. L'exemple du disque

Si les premiers supports d'écoute apparaissent dès le XIXe siècle, un véritable marché ne se développe qu'après la Seconde Guerre mondiale, à la faveur de l'invention des disques vinyle, de la normalisation des supports, et de l'apparition progressive d'une demande de masse. Trois phases se succèdent : développement dans les années cinquante, généralisation jusque vers la fin des années soixante-dix, et entrée en phase de déclin accompagnée d'une chute des prix relatifs. La disparition de ces disques sera progressive : la firme WEA n'abandonne qu'en 1990 la fabrication du 45-tours. Lancé en 1982 aux États-Unis, le disque compact prend le relais du vinyle. Cette innovation relance la vente. Toutefois, après des années d'euphorie (2 986 millions d'unités vendues dans le monde dans la seule année 1989), les ventes se tassent. Sony lance le minidisc en 1993 ; les résultats sont décevants et témoignent d'une certaine lassitude des consommateurs devant une course effrénée aux innovations technologiques lancées avant même que l'innovation qui précède n'ait produit ses pleins effets. Le consommateur hésite ainsi devant le remplacement d'actifs durables spécifiques (que l'on ne peut récupérer pour une autre activité) et complémentaires (le lecteur et les disques par exemple) ; ce phénomène dit de verrouillage prend fin devant le développement de nouveaux systèmes standardisés dont le nombre des utilisateurs croît de telle sorte que se produisent des externalités de réseau. On entend par là l'effet de la croissance de la base installée d'utilisateurs sur le nombre des utilisateurs qui adoptent alors le produit (pour plus de détails, *cf.* Shapiro et Varian, 1999).

des liens étroits avec la télévision, débouché pour les unes, instance de promotion pour les autres, concurrent sans merci pour toutes. Le cinéma en salle devient la vitrine promotionnelle du film à la télévision : en France, en 2001, les chaînes nationales hertziennes ont diffusé 1 470 œuvres cinématographiques, tandis que 204 films agréés sortaient sur les écrans...

1. Reproductibilité et originalité des produits : une alchimie singulière

Les industries culturelles filtrent une offre pléthorique en provenance des créateurs, élisant par une série de tris successifs les œuvres qu'elles décident d'éditer : sur la quantité de manuscrits que reçoit un éditeur par la poste, jusqu'à 4 000 par an pour une grande maison, moins de 5 % sont publiés. Les adeptes de l'idée qu'une bonne recette devrait permettre d'assurer la promotion de produits alliant les ingrédients du succès et une (petite) part d'originalité se sont souvent fourvoyés. L'imprévisibilité des lois de la réussite interdit de mener une politique malthusienne et conduit à la multiplication des produits. Les firmes gèrent ainsi l'incertitude par la surproduction [Menger, 1989], quitte à très tôt abandonner la promotion des titres dont les premiers pas sont jugés insuffisants. Les envois par l'éditeur, les

Évolution de l'offre de films en France

Années	D'initiative française	En coproduction à majorité étrangère	Ayant reçu l'aide de fonds ECO [1]	Total
1986	112	22	—	134
1990	106	37	12	155
1994	89	22	4	115
1998	148	32	3	183
2002	163	37	—	200

1. Fonds d'aide aux coproductions avec les pays d'Europe orientale ou centrale.

Source : CNC.

Ventes de phonogrammes en 2002

(En millions d'unités)

	Chiffre d'affaires (millions de dollars)	% des ventes mondiales		Chiffre d'affaires (millions $)	% des ventes mondiales
États-Unis	12 609	39,1	**Italie**	565	1,8
Japon	5 001	15,5	**Espagne**	551	1,7
Royaume-Uni	2 936	9,1	**Australie**	532	1,7
France	2 070	6,4	**Mexique**	462	1,4
Allemagne	2 053	6,4	**Total**	27 401	85
Canada	621	1,9	**Reste du monde**	4 799	15

En 2002, les ventes mondiales de musique enregistrée ont baissé de 7 % en valeur et 8 % en unités par rapport à 2001. En 2003, la baisse se poursuit dans des proportions analogues.

Source : SNEP.

Évolution de la production éditoriale française

Années	Nombre de titres [1]	Nombre d'exemplaires (milliers)
1980	25 762, dont nouveautés : 11 891	378 760, dont nouveautés : 178 572
1985	29 068, dont nouveautés : 15 276	365 756, dont nouveautés : 211 427
1990	38 414, dont nouveautés : 20 252	386 165, dont nouveautés : 212 311
1994	41 560, dont nouveautés : 21 472	376 904, dont nouveautés : 209 223
1998	50 937, dont nouveautés : 27 936	427 629, dont nouveautés : 256 482
2000	49 808, dont nouveautés : 25 819	422 900, dont nouveautés : 243 000
2002	58 855, dont nouveautés : 29 701	483 430, dont nouveautés : 258 920

1. Les nouveautés incluent les éditions en poche de titres parus en format normal.

Source : Syndicat national de l'édition.

projections privées avant lancement permettent d'évaluer les chances du produit, et nombre de produits sont condamnés à peine sortis.

Des industries de prototypes

En amont du processus de production se profile le travail du créateur, ou d'une équipe de créateurs, qui fait du produit un bien singulier d'origine artisanale. Le degré de différenciation des produits est fonction du segment du marché sur lequel il est offert : on peut opposer schématiquement des segments à fort degré d'innovation (la littérature générale réputée difficile, le film d'auteur, etc.) et des segments moins innovateurs (le livre pratique, le roman sentimental, le film populaire). L'entreprise opère une péréquation des profits entre des produits destinés à des marchés de masse et des produits à l'écoulement lent, sur des marchés plus étroits et moins sûrs. On peut classer les maisons d'édition en fonction de la part des titres à écoulement massif et rapide et des titres à petit tirage sur un temps long. Pierre Bourdieu [1977] oppose les stratégies de Minuit et de Laffont, la première vivant essentiellement de l'exploitation de son fonds et pratiquant une politique innovante et risquée, la seconde tablant sur les *best-sellers*, les titres prévendus, les témoignages à sensation, tous rapidement obsolètes. Sur les premiers segments du marché, l'incertitude pour le producteur est plus forte. Elle est compensée par la longévité de certaines œuvres.

La concentration de la consommation sur un petit nombre de titres

L'atomicité et la diversité de l'offre alimentent une forte incertitude sur la qualité. Les biens sont des biens d'expérience dont le consommateur ignore *a priori* la qualité, d'autant que le nombre des produits disponibles est élevé (disque : 100 000 références ; livre : 200 000 titres théoriquement disponibles). Il est enclin à privilégier les titres qu'il juge « sûrs ». La concentration des succès musicaux et cinématographiques sur quelques titres et vedettes a été mesurée et modélisée par des chercheurs américains [cf. notamment Chung et Cox, 1998]. On observe ainsi que, sur 506 longs métrages projetés pour la première fois en France en 2001, 30 films ont rassemblé plus de 50 % des entrées, et une centaine en a représenté les quatre cinquièmes [CNC].

Le succès est soumis au monde des critiques et des « initiés », à l'exception de cas inexpliqués d'engouement du public malgré l'avis des critiques par le « bouche à oreille ». À la manière de la percée de quelques élèves brillants chaque année qui légitime la fonction démocratique d'une école pour l'essentiel fidèle reproductrice des inégalités sociales, ces succès inattendus donnent le sentiment le plus souvent trompeur que c'est le public qui tranche, quel que soit l'avis des médiateurs. Le consommateur est d'autant plus dépendant du jugement des critiques et de l'impact médiatique des lancements que ses moyens de s'informer sont limités, que le nombre des produits concurrents est élevé, et que les biens ont un caractère singulier, ce qui accroît le coût de l'information. Le prix n'est pas un indicateur de qualité : des livres à 10 francs proposent d'excellents textes classiques. Le consommateur est amené à apprécier la qualité en fonction d'autres signaux : la marque, la notoriété de l'auteur ou de l'un des participants, les informations auxquelles il a accès.

Sur le marché des œuvres les plus difficiles, les intermédiaires ont un rôle crucial. Le poids d'un prix littéraire est considérable ; un Goncourt tire parfois à un petit million d'exemplaires (800 000 exemplaires pour *L'Exposition coloniale* de Erik Orsenna en 1988). La firme consacre de ce fait une part de ses investissements à la pénétration des réseaux de médiateurs. Bernard Grasset a inauguré dans l'édition française cette façon d'aller au-devant des médiateurs, par des visites, des dîners en ville, de la publicité. Afin d'apprécier l'importance de ces démarches, il suffit de prendre la mesure de la publicité gratuite que les médiateurs offrent par le simple exercice de leur métier. Le livre aurait « dû » payer pour l'émission *Apostrophes* 280,5 millions de francs pour la seule année 1980.

Sur les segments des marchés culturels qui entendent demeurer à l'abri, au moins symboliquement, des productions de masse, dans un contexte de refoulement collectif des enjeux économiques du succès, mieux vaut « se faire un nom » qu'engloutir des sommes dans la publicité : une critique dans *Der Spiegel* ou *Le Monde* constitue une incitation efficace à l'achat. Mais une formidable machine promotionnelle se met en route pour les produits qui visent des marchés de masse : la collection « Best sellers » chez Laffont a droit à des campagnes de publicité rarement engagées dans le secteur du livre en France. Afin de focaliser la demande sur ses produits, le distributeur multiplie le nombre des salles qui passent le même film, engage des dépenses publicitaires, tente d'occuper les pages culturelles des magazines, etc. Cette technique de l'« offre saturante » [Bonnell] augmente les résultats des uns aux dépens des autres et prépare une raréfaction des produits de création. Le président d'un label de disques indépendant reconnaît ainsi (*Le Monde*, 31 janvier 1995) que « de plus en plus on [les disquaires] nous demande de préciser une stratégie de promotion. Évidemment, celui qui arrive avec un clip en rotation six fois par jour sur M6, un budget pub de plusieurs millions de francs, des passages assurés à la télévision, un plan promo costaud, a toutes les chances de voir les commandes se multiplier. Dans le cas contraire, le disquaire prendra trois exemplaires, pour voir ». Les surenchères pour le lancement de quelques produits phares constituent une pratique quasi systématique de la part des maisons les plus importantes. Le coût moyen du lancement d'un disque est passé aux États-Unis à 500 000 dollars dans les années quatre-vingt-dix. Les studios de Hollywood dépensent jusqu'à 10 millions de dollars pour le lancement d'un film ; et les maisons d'édition américaines emboîtent le pas de cette folle course au succès ; Bantam Books n'hésite pas à investir quelques millions de dollars pour le lancement en poche de titres de Stephen King [Guillou et Maruani, 1991], et Mary Higgins Clark reçoit douze millions de dollars par livre. Le modèle américain a pu faire des adeptes en France comme en témoigne la folle enchère autour des droits sur la « suite » des aventures de Rhett Butler et de Scarlett O'Hara (achetés pour 1 million de dollars par Belfond). Ces stratégies destinées à minimiser des risques reviennent à décupler les investissements et, paradoxalement, à accroître les risques eux-mêmes... Tandis que l'embauche de stars semble constituer un moyen de minimiser le risque, on observe que la profitabilité des films n'est pas pour autant assurée, et que la star capture une part essentielle de la rente liée à sa participation [cf. notamment Ravid, 1999 ; de Vany et Walls, 1999 ; Benhamou, 2002]. Du cinéma, René Bonnell écrit qu'il devient un jeu pour des « parieurs devenus fous ».

La recherche de succès faciles, d'un côté, et l'abandon manifeste des autres produits à un oubli quasi programmé, de l'autre, conduisent à la réduction de la durée de vie des produits : en 1956, les films réunissaient moins de 50 % de leurs recettes au bout de trois mois d'exploitation, et 75 % sur une année. Aujourd'hui, l'essentiel des résultats est obtenu en deux semaines pour un échec et en six à dix semaines en cas de succès.

La standardisation des produits constitue le corollaire de cette situation : « Je pense que les transformations des circuits de diffusion qui tendent à raccourcir le cycle de vie des livres et qui, en traitant les livres comme des produits quelconques, favorisent les plus quelconques des livres, font que les livres à cycle long sont de plus en plus menacés » (P. Bourdieu, *Le Monde*, 23 mars 1985). Le producteur qui souhaite réduire le risque est tenté de faire appel aux stars, aux auteurs de *best-sellers*, ou encore, sur les segments du marché les moins innovateurs, à la production de séries, de suites, inventant d'improbables recettes. Pourtant la demande s'essouffle avec l'excès de standardisation du produit [Bonnell, 1989].

Cette dialectique de l'innovation, aiguillon indispensable à l'entretien de la demande, et de la standardisation, seul moyen de comprimer le risque et les coûts de l'information, se reflète dans le caractère dichotomique des structures de l'offre, faites de la coexistence de petites unités et de groupes aux relations à la fois conflictuelles et complémentaires.

2. Le poids des majors

Dans les trois secteurs, l'offre est structurée sous la forme d'oligopoles avec frange [Stigler, 1968 ; Reynaud-Cressent, 1982]. Quelques grandes entreprises dominantes, parfois implantées de longue date, maîtrisant les réseaux de distribution, constituent le noyau de l'oligopole ; à sa périphérie, une nébuleuse de petites ou de moyennes sociétés, dépendantes des plus grandes en matière de distribution, en forment la frange concurrentielle.

L'édition de livres

La concentration est le fruit d'un processus entamé dès le XIXe siècle : dans son ouvrage *L'Argent et les Lettres* (Fayard, 1988), Jean-Yves Mollier retrace, à partir des archives notariales, les modifications profondes qui affectent le paysage éditorial français dès 1880 et qui mènent au degré de concentration que nous connaissons. Si, en 1980, 7 % des maisons publiaient à elles seules 55,5 % des titres, en 2002, 18,7 % des maisons publiaient 80,3 % des titres.

Concentration de l'édition en France
(en % du nombre de maisons et du CA total)

Classe de CA [1]	1980	1980	1990	1990	1999	1999
	Maisons	CA	Maisons	CA	Maisons	CA
>100	3,6	46,7	6,1	63,2	8,5	72,6
50 à moins de 100	2,5	11,7	6,8	15,5	6,0	9,8
10 à moins de 50	19,1	29,5	22,1	15,8	21,7	13,0
1 à moins de 10	44,5	11	44,4	5,2	42,9	4,3
< 1	30,5	1,1	20,6	0,3	20,9	0,2

1. Millions de francs.

Source : SNE.

Le processus de concentration a conduit deux maisons, fort différentes par leur histoire, par leur taille, par les modalités de leur croissance à longtemps dominer la production et la distribution en France ; elles représentaient à elles seules 50 % du chiffre d'affaires de l'édition et 75 % de la distribution en 2001. En 2002, après l'échec de la reprise définitive de VUP par le groupe Lagardère, l'édition française entre dans une phase de recomposition profonde [cf. *infra*].

La situation française ne fait pas exception. En Italie, le groupe Mondadori, racheté par Silvio Berlusconi en 1991, possède près du quart du marché, contrôle Einaudi et, comme Hachette, bénéficie

Édition de livres. Une structure industrielle en plein bouleversement

Hachette est fondée en 1826 ; très tôt, la maison investit dans la distribution, le livre scolaire, les formats de gare. Elle achète des fonds dès avant 1914, puis entame après guerre une série d'achats et de prises de participations parmi lesquels : Grasset, Fayard, Stock, Lattès, Calmann-Lévy, Hazan, Hatier (en 1996, ce qui permet au groupe de devenir le premier éditeur de livres scolaires en France). Le contrôle, demeuré familial et bancaire jusqu'en 1979, passe en 1980 à Matra et ses alliés. En 1991, le groupe doit chercher des capitaux frais ; il vend certains actifs, et Havas prend une participation de 3 %. Hachette est aujourd'hui intégré à l'un des trois grands pôles du groupe Lagardère (chiffre d'affaires 2002 du pôle communication/médias : 8 095 millions d'euros, dont 12 % pour le livre). Hachette est un des premiers éditeurs à avoir investi dans l'audiovisuel, avec des résultats inégalement heureux (l'achat de la Cinquième chaîne à hauteur de 22 % se soldera par un dépôt de bilan et plombera les comptes du groupe ; Hachette conserve en revanche Europe 1 Communications). Le groupe accentue son développement international dans la presse (Hachette Filipacchi Médias détient plus de 110 titres, dans 28 pays, dont les versions étrangères de *Elle*, et a racheté le groupe de presse américain Diamandis). Le groupe possède un centre de distribution, et son propre réseau de diffusion.

L'origine des Presses de la Cité remonte à la création à Paris, en 1946, d'un commerce de librairie. Très vite, la maison entreprend une politique de rachats : Rouge et Or, Fleuve Noir, Plon, Julliard, Bourgois, Bordas, Nathan, Le Grand Robert, Larousse, Laffont, Fixot, Dalloz, Dunod, Masson, etc. Le groupe crée avec Bertelsmann, en 1970, le club de livres France Loisirs qui assure une seconde vie aux livres déjà amortis par la vente au détail. Les investissements dans la presse se multiplient (avec des titres comme *L'Expansion, L'Étudiant*, etc.). L'actionnariat familial prend fin en 1986, lorsque les Presses passent sous le contrôle de la Générale occidentale puis de la CGE l'année suivante. En 1988, est créé le Groupe de la Cité par la fusion des actifs éditoriaux de la Générale occidentale et de CEP Communication. La logique financière domine ; le livre voisine avec d'autres actifs. En 1997 Havas acquiert 100 % du capital de CEP, puis, en 1998, la Générale des Eaux prend le contrôle de Havas. Rebaptisé Vivendi, le groupe est réorganisé en trois pôles : environnement, communication (avec Canal Plus) et immobiler. Le multimédia prend une place centrale avec le rachat en 1999 de Cendant Software pour 800 millions de dollars, tandis que dans le domaine du livre, le groupe consolide ses positions en Belgique (Hemma), aux États-Unis (Chambers, Millbrook), au Royaume-Uni (Grisewood & Dempsey), en Espagne (Planeta), etc. En 2001, le chiffre d'affaires du pôle édition et multimédia est de 1,1 milliard d'euros. Mais l'avenir du pôle, rebaptisé Vivendi Universal Publishing en 2001, est grevé en 2002 par les pertes du groupe Vivendi Universal. Vivendi cède en 2002 pour 1,75 milliards d'euros la maison américaine Houghton Mifflin, acquise en 2001 pour 2,2 milliards d'euros. Lagardère rachète VUP mais doit céder devant les autorités de Bruxelles. Au terme d'un arbitrage complexe, c'est le groupe Wendel qui reprend 60 % d'Editis (ex-VUP), dont les maisons Nathan, Bordas, Le Robert, Laffont, Plon, Solar, Belfond, La Découverte. Ces opérations bouleversent les équilibres antérieurs, puisque le duopole de tête de l'édition est désormais très déséquilibré, Hachette sortant renforcé de l'affaire, avec un numéro deux de bien moindre taille. Au sein des maisons moyennes, les changements se poursuivent : le groupe La Martinière (CA 2002 : 102 millions d'euros) rachète Le Seuil (CA 2002 : 168 millions d'euros) en 2004.

d'une solide implantation dans la presse, tandis que Rizzoli représente 9 % du marché et s'apprête en 2004 à revendre ses actifs éditoriaux. À la frange de ce duopole, les éditeurs moyens, Feltrinelli, Adelphi, Garzanti, ne dépassent pas 4 %. En Grande-Bretagne, le groupe Pearson allie des implantations dans la presse (*Financial Times, Les Échos*), dans l'audiovisuel, les loisirs (le musée Tussaud, à Londres), l'édition de disques, et une position de leader dans l'édition éducative, avec notamment la branche scolaire de Harper-Collins et celle de Simon & Schuster. Il possède les éditions Penguin, numéro cinq mondial du livre en format de poche ainsi que la maison Dorling Kindersley. Au-delà de ces secteurs le groupe est investi dans les services pétroliers et... la porcelaine. Quant au néerlandais Elsevier et à l'anglais Reed, ils fusionnent en 1992 ; le groupe devient le premier éditeur scientifique au monde et rachète des banques de données (Lexis-Nexis), puis, en 1998, des maisons américaines (Matthew Bender, 50 % de Shepard's, ainsi que le groupe de presse professionnelle Chilton Business). En revanche la fusion de la maison avec Wolters Kluwer échoue en 1998 devant les refus de la Commission de Bruxelles de voir se constituer un géant en ce domaine.

Le paysage éditorial est bouleversé la même année avec la vente de Simon & Schuster à Pearson et la vente de Random House (l'éditeur de Michael Crichton, Toni Morrison, de William Styron...) à Bertelsmann. Bertelsmann devient ainsi le premier éditeur du monde, hors édition scolaire, en s'adjoignant notamment Knopf, Ballantine, Doubleday, Bantam, Pantheon, et Crown aux États-Unis, Transworld en Angleterre, Siedler et Goldmann en Allemagne, et Sudamericana en Argentine. Bertelsmann et Mondadori ont fusionné leurs activités en Espagne et en Amérique latine. Quelques années auparavant, Hachette avait racheté Grolier, et le groupe allemand Holtzbrinck avait acheté St Martin's Press, Henry Holt, Farrar... Cette quasi-mainmise de groupes européens sur l'édition américaine répond à l'appréciation plutôt négative, outre-Manche, des profits espérés de l'édition de livres : Simon & Schuster, qui en 1996 représentait 2,332 milliards de dollars de chiffre d'affaires chez Viacom, n'a rapporté que 217 millions de dollars de bénéfices ; et tandis que les bénéfices de l'édition augmentaient de 12,7 % depuis 1994, ceux de la télévision s'accroissaient de 95 %. Dans ces opérations de rachat intervient aussi, de façon plus positive, la recherche de la consolidation de positions, qu'il s'agisse d'alimenter les clubs de livres ou la vente sur le Net à partir de fonds considérablement élargis (Bertelsmann), ou de confirmer une suprématie sectorielle, comme dans le cas de l'édition éducative (*cf.* le n° spécial de *Esprit*, « Malaise dans l'édition », juin 2003).

L'édition de disques

Les majors du disque, dominants sur toute la filière, disposent de fonds très riches qui leur assurent une prééminence au niveau mondial et les autorisent à se concentrer sur les valeurs sûres déjà reconnues. Sony Music, Polygram, EMI, WEA, BMG, MCA (vendu à 80 % par Matsushita à Seagram en 1994) détenaient ainsi 80 % de la distribution mondiale en 1998 contre 74 % en 1972. La concentration s'est encore accentuée depuis : en 1998, Philips cède Polygram au géant canadien Seagram, avant que Seagram ne passe sous la coupe de Vivendi Universal. Universal Music rassemble nombre de labels, parmi lesquels Barclay, Decca, Polydor, Island, Geffen, Deutsche Grammophon, Philips, Mercury, Motown, Verve, Trema, etc. ; le groupe détient plus du tiers du marché français du disque. En revanche, les autorités européennes de la concurrence bloquent le rachat de EMI par Time-Warner. Elles étudient en mai 2004 notamment en ce qui concerne les garanties sur les services en ligne, la fusion de Sony Music et de BMG. L'avenir est pourtant incertain, avec la montée du piratage, la possibilité de télécharger gratuitement des heures de musique sur un micro-ordinateur, qui menace surtout les formats courts, dont la vente se tasse après des années d'euphorie. L'érosion des ventes n'est que faiblement compensée par le développement des sites payants de musique en ligne et le lancement à grands renforts de publicité de vedettes d'un nouveau genre, telles celles qui naissent dans les émissions de télé-réalité. Face à une crise multidimensionnelle dans laquelle jouent les effets du piratage, des prix trop élevés, l'appauvrissement des play-lists des radios et les pièges du star system, les majors recourent à des plans sociaux et renégocient les contrats de certains artistes.

Répartition des ventes de disques en France et dans le monde, 2003
(en valeur)

Groupe	% du CA France	Groupe	% du CA France
Universal Music	33,6	Warner Music	14,2
Sony Music	20,5	BMG	9,4
EMI	18,1	Autres	4,2

Source : SNEP.

Le cinéma

Aux États-Unis, au lendemain de la guerre, la haute profitabilité du secteur cinématographique, qu'on a pu rapprocher de celle de l'industrie automobile [Benghozi, 1989], a incité les investisseurs à la création de grands groupes ; 90 % des recettes de l'industrie du cinéma sont contrôlées par les majors à la veille des années cinquante : Paramount, Metro Goldwyn Mayer, 20th Century Fox, Warner Bross, RKO, Universal, Columbia et United Artists. C'est l'époque du *studio system*, dont l'organisation s'inspire directement de celle de l'industrie manufacturière, avec des traits fordiens, dans l'attention investie dans la préparation des tâches et la stricte division du travail entre conception et exécution. Le décret antitrust de 1948 conduit les majors à privilégier la distribution et à ne plus contribuer qu'occasionnellement à la production, par des achats de droits. La production indépendante peut alors se développer. Mais ces nouveaux venus, qui produisent dans les années quatre-vingt-dix les deux tiers des films américains, demeurent fragiles.

Coûts médians des films d'initiative française
(en millions d'euros courants et en indice, volume, base 100 en 1988)

	1992	1994	1996	1998	2000	2002
Total	2,90	2,74	2,64	2,67	3,19	2,82
Indice	119,3	108,5	100,8	100,0	116,9	99,7

Source : CNC.

La tendance à l'accroissement des coûts apparaît au milieu des années soixante-dix, après une longue période de stabilité [CNC]. Aux États-Unis, le coût moyen des films a été en 2001 de 47,7 millions de dollars, soit deux fois plus que le coût moyen pratiqué il y a dix ans. Il faut ajouter à cela des coûts croissants de marketing, 100 millions de dollars en moyenne.

Les majors françaises ont connu, malgré leurs efforts de concentration et de diversification, des difficultés importantes liées à la crise de la fréquentation et à la montée des coûts. Gaumont et Pathé, créées à la fin du siècle dernier, contrôlent l'essentiel de la production et de la distribution jusqu'à la veille de la Première Guerre mondiale. Les difficultés apparaissent pour Gaumont avec la montée de la concurrence américaine. En 1938, elle fait faillite ; elle est reprise par un consortium puis, en 1974, à 51 % par Nicolas Seydoux. Elle développe alors sa participation dans des films de qualité et entreprend une politique active à l'étranger, en Italie, au Brésil, aux États-Unis où elle crée avec Columbia une société de commercialisation des films étrangers ; elle investit aussi dans des activités proches, musique (Erato), édition (Ramsay), presse. Nombre de ces activités devront cesser devant l'accroissement de l'endettement du groupe à la fin des années quatre-vingt. La création d'une filiale avec Buena Vista

(Disney), en 1993, permet à Gaumont de s'emparer du quart du marché de la distribution. En 2000 l'ensemble des salles de Gaumont est regroupé avec les salles de Pathé, et le nouvel opérateur, Europalaces, devient numéro un de l'exploitation cinématographique en France.

Distribution de films en France en 2001

Distributeurs	% de la recette brute	Distributeurs	% de la recette brute
UFD	15,5	Metropolitan	10,3
Gaumont Buena vista	14,0	Mars	4,9
UIP	13,7	Pathé Distribution	4,8
Warner Bros	12,6	Columbia Tristar	3,9
Bac	6,9	Europa Distribution	2,9

Source : CNC.

Pathé traversera des crises analogues pour être finalement racheté par Chargeurs en 1990, puis par Vivendi en 1999, qui récupère ainsi 17 % de la chaîne anglaise BskyB. Pathé demeure présent en différents points de la filière : production, exploitation télévision.

Le degré de concentration de l'industrie cinématographique est surtout élevé au niveau de la distribution, c'est-à-dire de la promotion, de la location auprès des exploitants et de la redistribution des recettes des salles aux différents intervenants. Sur 156 sociétés de distribution répertoriées par le CNC en 2001, 10 ont réalisé près de 90 % du chiffre d'affaires total, et la diversité des titres nouveaux est en raison inverse de la concentration au niveau de la distribution.

UGC, née en 1971 de la privatisation d'un groupe public constitué à la Libération, coproduit des films, mais s'intéresse surtout à la distribution, avec 53 multisalles, soit 291 écrans, et un réseau de multiplexes ; Paribas, OBC, la Générale des eaux sont entrées dans le capital de la compagnie. UGC a racheté en 1994 United Communications, qui dispose du catalogue MGM et United Artists, soient environ 2 600 films et 3 000 heures de programmes de télévision.

Aux États-Unis, de même, la compagnie Buena Vista a distribué en 1994 trente-six longs métrages (sur 322) ; en 1999, elle détient 17 % du marché, et se classe en tête de la distribution vidéo. Suivent Warner (14 %) et Universal (13 %). Les recettes du box-office atteignent 7,3 milliards de dollars pour près de 1,5 milliard de billets vendus. Au-delà des recettes en salles, les droits détenus dans un portefeuille de titres sont essentiels pour dégager des profits *via* la télévision.

Nombre de films de long métrage détenus par les majors en 2000

Studio	Nombre de titres	Studio	Nombre de titres
Sony (Columbia/ TriStar)	2 400	MGM (dont Orion)	4 000
Disney	600	Universal (devenu Vivendi Universal)	4 000
Paramount	1 000	Warner Bros (dont New Line et MGM avant 1987)	4 500
Twentieth Century Fox	2 000		
Total			*18 500*

Source : Vogel, 2001.

3. La délégation de l'innovation aux petites et moyennes sociétés. Les aléas de l'indépendance

Les firmes les plus importantes tendent à rejeter une grande part de l'innovation à leur frange tout en aidant parfois à la création d'entreprises. Attentives toutefois aux nouveautés de la création, elles cherchent à les récupérer une fois le marché créé. Les petites sociétés jouent ainsi le rôle d'un « laboratoire collectif » [Rouet, 2000 ; Creton, 1997], d'un vivier pour la création, produisant dans l'édition française, dont elles ne représentent pourtant que 0,5 % du chiffre d'affaires, un quart des titres et une part plus importante encore des nouveautés, notamment dans le domaine des traductions [Boin et Bouvaist, 1989]. Elles adoptent souvent des stratégies de niche, en se spécialisant sur des créneaux peu occupés par les groupes, de manière à drainer une clientèle captive et à asseoir sa réputation. La faiblesse des capitaux nécessaires au démarrage et la possibilité de faire appel à des réseaux de diffusion/distribution extérieurs incitent à la création d'entreprises. Les barrières au développement apparaissent ensuite, d'où le faible taux de survie des nouvelles entreprises. La difficulté est grande, en particulier, à fidéliser des auteurs, face à des marchés capricieux et parfois stagnants ou en recul. Les éditions Barrault durent fermer après le départ de Philippe Djian, leur auteur à succès, pour Gallimard. Il y a peu d'obstacles à la sortie ; le fonds peut être négocié auprès d'un groupe, désireux de poursuivre sa stratégie de croissance externe par adjonction de fonds ou de labels que seules des années d'exercice talentueux permettent de construire, ou qui recherche de

À la frange de l'oligopole éditorial...

Sur les 700 éditeurs français « non occasionnels » apparus entre 1973 et la fin des années quatre-vingt, 57 % étaient encore en activité en 1988 [Rouet, 1992]. Aux États-Unis, on compte près de 20 000 éditeurs dont environ 2 260 publient plus de 4 titres par an, dans un pays où le volume de production totale atteint 120 000 titres en 1990 pour 11 000 points de vente : les plus grands coexistent là encore avec une frange concurrentielle bien vivante. Parmi les facteurs de survie on relève le volume de la production (il semble que l'on puisse définir un seuil minimal de 6 titres, et un plafond de 12, entre lesquels la nouvelle société doit trouver un équilibre), le degré de spécialisation, et surtout les choix effectués en matière de distribution [Boin et Bouvaist, 1989]. Le caractère insaisissable de la réussite, la lourdeur relative des coûts de la commercialisation, la lenteur de la création d'un label et de la reconnaissance des intermédiaires culturels constituent des éléments de fragilité.

Les maisons de taille moyenne sont encore parfois contrôlées par les familles des fondateurs. Gallimard est encore indépendante, mais certaines ne peuvent résister aux convoitises des plus grands. Flammarion passe en 2000 sous la coupe de RCS (fondé par Angelo Rizzoli). La prestigieuse maison Einaudi est ainsi passée en Italie sous le contrôle du groupe Mondadori. Masson a été rachetée en France par Fimalac puis cédée au Groupe de la Cité. Hatier est mis en vente en 1995 et Le Seuil est rachetée en 2004 par le groupe La Martinière. Gallimard, secouée en 1990 par des questions de succession, a dû se résoudre à l'entrée d'actionnaires minoritaires. Cet équilibre précaire est menacé à nouveau cinq années plus tard, et la faible rentabilité de la maison sert de prétexte à une recomposition du capital qui en fragilise l'indépendance. Gallimard s'allie à Bayard, en 1999, afin de contrôler près du quart de l'édition pour la jeunesse. En 2004 enfin, la famille consolide à nouveau sa position.

La maîtrise de la diffusion et de la distribution (qui représentent environ 50 % des coûts finals) constitue la clé de l'indépendance. Hachette possède à cet égard une force de frappe sans égal sur l'édition française ; dans une moindre mesure, les « Messageries du Livre » des Presses de la Cité permettent aux Presses non seulement d'assurer leur propre distribution, mais de consolider des liens avec d'autres éditeurs qu'elles distribuent. A elles deux, ces deux structures assurent l'approvisionnement des deux tiers de la vente au détail. Certains éditeurs moyens ont créé leur propre structure, parfois au moment où ils décidaient de se lancer dans le livre en format de poche : Gallimard crée la SODIS en 1971, Flammarion crée Union Diffusion, Albin Michel et Le Seuil créent Interforum, etc. Le Seuil se charge de la distribution d'éditeurs indépendants, contractant des relations privilégiées avec nombre d'entre eux.

nouvelles compétences fondées sur une proximité avec les milieux artistiques. Les groupes laissent aux labels les plus prestigieux, une fois rachetés, une autonomie relative qui leur permet, jusqu'à un certain point, de continuer d'exercer leur capacité d'innover. La croissance externe constitue ainsi le mode le plus sûr d'enrichissement des catalogues. L'enjeu central de la concurrence entre les maisons de l'oligopole devient le rachat des petits ou moyens labels les plus innovateurs ou les plus prestigieux. Cela conduit à une montée des enchères à des niveaux élevés. L'évaluation de la maison Gallimard par la banque Ansbacher en 1988 à 1,8 milliard de francs pour un chiffre d'affaires consolidé d'un milliard illustre la valeur attribuée au label.

Dans le domaine de l'édition de disques, on rencontre une situation analogue ; les labels indépendants tentent de pratiquer des politiques innovantes en matière de prix ou de produits. Naxos, basé à Hong-Kong, écoule en 1993 plus de 7 millions de disques compact à bas prix dans le monde. Les indépendants tirent leur capacité d'innovation des liens de proximité qu'ils tissent avec les milieux musicaux ; Beck, Oasis ou Jeff Bucklet, trois des révélations de 1994, ont débuté chez des indépendants. Le label Big Cheese a sorti avec peu de moyens de nouveaux genres musicaux. Nombre de groupes connus de nos jours ont fait de même (Thelure, New Order, etc.). Mais la durée de vie des labels indépendants est souvent limitée à deux ou trois années, la découverte d'un nouveau créneau leur étant ravie par un major. Le groupe Nirvana, lancé par une petite maison, Sub Pop, est repris ensuite par MCA/Geffen. Trema, l'un des derniers grands labels indépendants français, déjà distribué par Sony, est racheté par le groupe à 15 % en 1993. Erato est racheté par Time Warner en 1991, et l'indépendance ne semble possible, en matière de distribution, que sur des créneaux spécialisés.

Dans le cinéma, enfin, c'est au niveau de la production que les structures de l'offre demeurent les plus vivantes et diversifiées. En France, on compte environ 1 500 sociétés de production de longs métrages dans les années quatre-vingt contre 500 dans les années cinquante ; toutefois, nombre d'entre elles produisent moins d'un titre par an, et leur taux d'activité est passé dans le même temps de 33 % à 15 %. Comme le souligne en 1994 un rapport du Crédit national, « la production cinématographique française, en tête au niveau européen grâce à un dispositif réglementaire très pointu, est le fait d'entreprises artisanales aux structures financières fragiles et à la rentabilité insuffisante ». De petites unités éphémères sont ainsi montées pour des projets temporaires ; ces structures *ad hoc* « se mettent en place pour mener à bien la réalisation d'un projet comme ces nombreuses petites sociétés de production cinématographique qui ne produiront jamais qu'un seul film, des structures qui ne sont jamais sûres de perdurer car elles ont été mises en place pour un projet donné et dans lesquelles les membres s'engagent de façon limitée » [Benghozi, 1989, p. 36-37].

Rares sont les investisseurs qui peuvent se targuer de pénétrer les secteur de la distribution de films et d'entrer dans la cour des grands. Il aura fallu la carrure d'un Steven Spielberg, associé au producteur de disques David Geffen et à l'ex-directeur des studios Disney Jeffrey Katzenberg, pour qu'en 1994 une nouvelle compagnie de production et de distribution soit créée à Hollywood. Dès juin 1995, la nouvelle

Les sources du financement des longs métrages et le rôle croissant des chaînes de télévision

La lourdeur des coûts de production d'un film rend nécessaire la diversification des sources de financement :
— des à-valoir consentis par le distributeur sur la recette d'exploitation ; le distributeur assume le risque à la place du producteur mais touche 25 % à 45 % des recettes des salles en compensation. Ce mode de financement a diminué avec la crise de la fréquentation ;
— l'apport personnel du producteur (15 % minimum en France), la coproduction, ou les participations ;
— les prêts des banques et l'aide publique (cf. chap. V) ;
— la prévente des droits aux chaînes de télévision : sur 200 films agréés en 2002, les chaînes en clair en ont financé 103 et Canal Plus 109 [CNC]. Elles alimentent le compte de soutien (cf. chap. V) et sont tenues de consacrer une part de leur chiffre d'affaires au cinéma ainsi qu'à la production de fictions. L'importance de ce mode de financement contribue à ce qu'une logique de préfinancement, quasi indifférente aux recettes en salles, se substitue à une logique d'amortissement. On peut s'interroger sur l'ambivalence du rôle de la télévision, tout à la fois concurrente et financeur du cinéma, au moment même où le film sur le petit écran perd de l'audience au profit des séries et de la télé-réalité ;
— les recettes vidéo, du moins aux États-Unis où elles représentent le tiers des sources de financement des films en 1990. La vidéo s'y « substitue peu à peu à l'exploitation en profondeur dont le coût de la desserte face à la demande potentielle devient prohibitif en raison de la dimension du territoire » [Bonnell, 1989, p. 435]. Le film *E.T.* aura rapporté 640 millions de dollars dont 230 de recettes vidéo. En 2002, 9,3 millions de foyers (37,5 % des foyers français) disposent d'un équipement permettant de lire un DVD. 84 millions de vidéogrammes et 5 millions de coffrets ont été vendus la même année. TF1 Vidéo est le premier distributeur en termes de nouveautés (288 nouveaux titres en 2002), suivi par Gaumont Columbia Tristar Home Video (240 titres) et Fox Vidéo (223 titres). Ce secteur n'échappe pas à la concentration des ventes sur quelques titres, caractéristique des marchés culturels, ainsi qu'à la montée des hypermarchés (52,7 % des ventes de DVD et 71,2 % des VHS, contre 41,4 % des DVD et 18,8 % des VHS pour les grandes surfaces spécialisées en 2002 – *Source* : CNC).

Structure du financement des films d'initiative française

(en %)

Années	Apport producteur	SOFICA	Soutiens publics	Chaînes de télévision	Cession de droits vidéo	A-valoir distributeur	Apports étrangers
1988	39,7	8,9	11,7	19,2	0,7	5,6	14,2
1992	36,2	6,1	10,4	30,1	0,3	5,4	11,5
1996	24,2	4,8	13,2	42,0	0,1	5,5	10,2
1997	33,1	4,5	12,9	35,9	0,4	3,5	9,8
2000	31,9	5,7	10,2	40,2	—	5,5	6,5
2002	31,5	4,6	11,0	34,3	—	7,5	11,0

Source : CNC.

société confie à MCA ses droits de distribution hors États-Unis. Les plus performants parmi les indépendants sont souvent repris par les majors : en 1993, Miramax, créé quelques années auparavant par les frères Wenstein, est racheté par Disney, qui trouve ainsi un vivier de créateurs que complète le rachat de Merchant/Ivory pour le haut de gamme.

Si les trois secteurs se situent ainsi sur des marchés contestables [Baumol], avec liberté d'entrée et de sortie des firmes au niveau de la production, à l'inverse, les fonctions de distribution et de diffusion sont l'objet d'une grande concentration. Les petites sociétés de production dépendent des plus grandes pour l'écoulement de leurs produits, tandis que les moyennes cherchent à créer leurs propres réseaux de distribution. L'accroissement de la taille du fonds distribué autorise des économies d'échelle et des rapports de force avantageux avec les détaillants et explique ce degré supérieur de concentration à l'aval des filières. Il faut atteindre une masse critique pour que les pertes sur des titres soient plus que compensées par les profits sur d'autres références, d'autant que l'implantation géographique des points de vente demeure éclatée. L'accentuation du degré de concentration au fur et à mesure que l'on descend vers l'aval reflète le passage à une phase de vieillissement des produits [Flichy, 1980 ; Farchy, 1999], où la question de la maîtrise de la distribution prend le pas sur celle de l'innovation technologique ou de l'apport créatif : « Quand les Lumière ont inventé le cinéma, ils ont fait des images et les ont vendues ensuite, aujourd'hui on prévend et on fabrique ensuite. Au lieu de partir d'un produit vers le public, on fait l'inverse. Ce ne peut plus être les mêmes idées, les mêmes images » (M. Karmitz, *La Tribune*, 23 mai 1995).

4. La vente au détail soumise à des mouvements de concentration

La vente au détail (disque, livre), l'exploitation des salles (cinéma) subissent de plein fouet des phénomènes de concentration. Le distributeur tente en effet de les contrôler afin d'assurer des débouchés à ses références. Cela incite à la rotation rapide des produits qui va de pair avec un appauvrissement de l'éventail des titres offerts : la logique de la vente (au plus grand nombre) prévaut sur une logique du produit (ou de la création). Les coûts de la distribution des livres aux 25 000 points de vente existants conduisent à la réduction du nombre des titres disponibles, passé de 170 000 en 1970 à 27 000 en 1985 [Boin et Bouvaist, 1989], et à moins de 20 000 à la fin des années quatre-vingt-dix.

Répartition des ventes de livres en France, 1996 et 2000
(en %)

	Volume		Valeur			Volume		Valeur	
	1996	2000	1996	2000		1996	2000	1996	2000
Grandes surfaces non spécialisées	25,3	17,8	16,3	24,1	Maisons de la presse	10,7	9,1	10,0	8,9
Librairies	19,8	20,8	21,0	17,8	Soldeurs, occasions	6,1	3,1	2,6	7,4
Ventes par correspondance, clubs	15,8	24,1	21,8	17,7	Grands magasins	1,8	1,4	1,5	1,5
Grandes surfaces spécialisées	13,3	17,2	13,8	16,8	Autres (courtage, kiosques, gares, salons)	7,2	6,5	13,0	5,8

Source : MCC/CNL.

Répartition de la distribution de disques en France, 1993 et 2000*
(en %)

	1993	2000		1993	2000
Hypermarchés	34,4	41,1	Disquaires indépendants	9,8	6,3
Grandes surfaces spécialisées	29,1	29,9	Ventes par correspondance	3,1	4,4
Grossistes	19,3	16,5	Grands magasins	4,1	1,8

* Étude réalisée sur les ventes en valeur.

Source : SNEP.

Le commerce traditionnel a peine à résister sur les trois dimensions que revêt la concurrence, le prix, la qualité du service rendu, le nombre de références offertes. Il tend à s'effacer devant les chaînes (qui regroupent les achats et gèrent les stocks pour différents points de vente) et les grandes surfaces. La montée des hypermarchés, associés aux achats d'impulsion des titres les moins élitistes, rend la survie des plus petites surfaces extrêmement précaire : elles perdent les ventes des produits les plus prisés et doivent gérer des stocks sur le long terme, cumulant difficultés de trésorerie, montée des loyers en centre-ville, lenteur des commandes à l'unité.

Les éditeurs américains sont plus encore soumis pour la littérature générale aux réseaux des chaînes, très attachées aux gros tirages, de sorte que la librairie indépendante n'y distribue plus que 18 % du marché en 1991 [Caves, 2000].

Le cinéma subit des tendances analogues. L'exploitation, c'est-à-dire la gestion des salles elles-mêmes, est aujourd'hui dominée par les grands circuits ; 5 236 salles ont été actives en 2001, soit 126 de plus qu'en 2000. La salle traditionnelle recule au profit des multiplexes qui rassemblent 22 % des écrans et 40 % des entrées en 2001 contre 17,3 en 1997. L'implantation des multiplexes est à l'origine d'une part conséquente des fermetures de salles (55 %). La mise en place de cartes d'abonnement illimité au cinéma par les grands circuits à partir de mars 2000 tend à renforcer cette tendance des multiplexes à la capture de la clientèle de l'exploitant indépendant [Benhamou, 2001]. La moitié des communes urbaines, qui regroupent les deux tiers de la population, sont encore équipées d'au moins une salle.

5. Les nouvelles technologies et la mondialisation des sociétés

De nouvelles technologies qui irriguent l'ensemble des secteurs

Le multimédia, c'est-à-dire la possibilité d'accéder sur un même terminal à des programmes alliant le texte, le son, les images fixes ou animées, constitue à la fois un débouché et un concurrent pour les industries traditionnelles.

La plupart des éditeurs se sont lancés sur ce marché, surtout dans les secteurs lourds (encyclopédies, art), malgré les risques encourus : les coûts fixes irrécupérables sont élevés, et les coûts variables, ou de reproduction, extrêmement faibles. Le coût de fabrication d'un cédérom peut atteindre 0,15 million d'euros pour un ouvrage de référence. La concurrence des groupes venus de l'informatique, qui disposent d'un savoir-faire et de moyens importants, est sévère ; Microsoft lance son encyclopédie *Encarta* à un prix très compétitif et menace l'existence même de l'encyclopédie *Britannica*. Le groupe a entrepris de surcroît une politique systématique d'achat de droits, par le biais de sa filiale Corbis, auprès des plus grands musées (Ermitage, British Museum, etc.) ; il a acquis *Bettman Archive* et Sygma et mis nombre d'images sur le web. Ces clichés constituent la matière première des produits électroniques. Hachette, conscient de cet enjeu, s'empare de Gamma en 1999.

Les nouvelles technologies n'apportent pas seulement des nouveaux produits ; elles bouleversent processus et contenus [Benhamou et Farchy, *in* Benhamou *et al.*, 1995]. L'édition de livres à la demande fait ses premières armes. Les mondes du cinéma et de la télévision ont intégré l'image de synthèse et le montage informatique à leurs produits, dont les contenus deviennent modulaires. Une fois codées, les images peuvent être modifiées, manipulées, et transmises de la même façon que n'importe quelle autre information numérique, qu'il s'agisse, au départ, d'une image, d'un son, d'un texte. De ce point de vue, la dématérialisation de l'œuvre (remplacée par des fichiers numériques) affecte le statut des auteurs, les modes de production et les modes d'utilisation et d'achat.

La distribution profite des possibilités ouvertes par les réseaux. Amazon.com, créée en 1995, Barnes & Noble, mais aussi bien d'autres distributeurs en ligne qui jouent la carte des marchés de niche (livre ancien par exemple), proposent des fonds considérables, assortis de critiques et de recommandations. Leur développement spectaculaire ne permet de dégager des profits qu'à partir de 2003. Amazon affiche 35,3 millions de dollars de profits en 2003 contre une perte de 149 millions en 2002. On estime le chiffre d'affaires des ventes *via* l'Internet, pour les sites français, à 6,10 millions d'euros pour 1997, 61 pour 1998, et un peu moins de 200 pour 1999, dont environ un dixième pour les biens culturels [Gilles *et al.*, 2000]. C'est une faible part du commerce de détail, fortement ébranlée par l'éclatement de la bulle spéculative sur les NTIC (nouvelles technologies de l'information et de la communication) à partir de 2000, mais qui offre des perspectives prometteuses.

La technologie numérique permet de plus de diffuser un grand nombre de chaînes de télévision sur une même infrastructure, ouvrant la voie à un déficit de programmes considérable. Les majors, Paramount, Fox, Time Warner Turner, Disney, jouent la carte du rapprochement du cinéma et de la télévision, les chaînes permettant d'assurer des débouchés captifs pour leurs produits.

Une des formes privilégiées de la compétition est la guerre des standards, qui fait rage en 1999 autour du DVD, et conduit à des alliances imprévues, entre Sony et Philips d'un côté, et Toshiba et Hitachi notamment de l'autre. Dans un article essentiel, Katz et Shapiro (1986) démontrent qu'une technologie, bien que supérieure, peut perdre cette guerre lorsque le différentiel initial de coût donne un avantage à une norme, et que des mécanismes d'autorenforcement, liés à des externalités de réseaux, permettent alors la diffusion du standard déjà sélectionné.

On a là tous les signes d'une innovation radicale ou majeure (Freeman, 1982). De nouvelles catégories de biens et de nouvelles catégories de savoir-faire sont simultanément introduites, de telle sorte que la configuration même du système productif s'en trouve affectée. Le développement de nouveaux supports et de nouvelles technologies transforme les stratégies industrielles et modifie l'équilibre des forces entre les acteurs en jeu, venus d'horizons de plus en plus divers.

Les géants du multimédia

On constate partout la montée de logiques étrangères aux secteurs culturels. Dans la distribution en France, la FNAC est rachetée en 1994 par le groupe Pinault-Printemps-La Redoute, qui se porte acquéreur, en 1998, de la maison d'enchères Christie's. Seagram, spécialiste en boissons, s'empare de MCA en 1995, et de Polygram en 1998, en finançant cet achat par la cession des jus de fruits Tropicana. À l'issue de ces opérations, le groupe réalise 70 % de son chiffre d'affaires dans l'*entertainment*.

Passé sous la coupe de Vivendi et rebaptisé Vivendi Universal, il pousse cette stratégie jusqu'à des rachats en cascade négociés au plus haut de la vague spéculative. En 2001, le bilan est catastrophique ; devant la lourdeur des pertes, le médiatique président du groupe, Jean-Marie Messier, doit céder la place, et c'est à un dépeçage que l'on assiste, sur fond de débat sur les dangers qui portent atteinte à l'exception française, si des investisseurs anglo-saxons entrent massivement dans le capital. Les années 2000 ne menacent pas seulement Vivendi Universal : en 2002, le groupe de Leo Kirch (détenu par le holding Taurus), plombé par ses achats de droits sportifs, et dont l'endettement se monte à 6,5 milliards d'euros (le double de son chiffre d'affaires), dépose son bilan ; et AOL Time Warner annonce des pertes de 54,2 milliards de dollars au premier semestre de la même année. AOL est marginalisé et le groupe est rebaptisé Time-Warner, comme s'il s'agissait d'effacer les erreurs stratégiques passées.

Crise du modèle de la « convergence » (cf. *infra*), crise liée à la spéculation sur les nouvelles technologies, et crise des marchés financiers imposent de repenser les stratégies industrielles. Celles-ci obéissent à trois modèles alternatifs : diversification à partir d'une activité traditionnelle, comme ce fut le cas de Bertelsmann à partir de l'imprimerie et de l'édition, entrée et tentative de domination d'un domaine par fusions ou alliances (cas de Seagram pour le disque), redéploiement et recentrage sur les activités de base, (cas de Matsushita). Le tableau ci-contre présente des données sur quelques groupes majeurs.

Groupe	Opérations récentes majeures	Câble réseaux, services interactifs	CA 2002
Time Warner (États-Unis)	**1989** : fusion de Time et de Warner **1995** : achat du groupe Turner — 7,2 milliards de dollars. **2000** : Fusion de AOL et Time Warner. **2002** : Pertes importantes et réorganisation du groupe.	**Production** cinématographique et télévisuelle, diffusion, édition musicale, télévision (dont Home Box Office, 21,3 millions d'abonnés et CNN), presse (Time, Fortune, People…), édition, cédéroms, sport, câble. **Réseaux** : (AOL).	44,9 milliards de dollars
Bertelsmann (Allemagne)	**1997** : fusion de UFA avec la CLT (Compagnie luxembourgeoise de télévision). **1998** : rachat du groupe américain Random House et de Springer-Verlag. **1999** : entrée dans le capital de Barnes & Noble. Création de sites Internet de vente de livres aux États-Unis, et en Europe. **2002** : recentrage sur les médias traditionnels. **2003** : Revente de Springer et rapprochement de BMG et Sony.	Livre, avec Random House (11 % du CA), Audiovisuel : RTL Group (24 %), presse : Gruner & Jahr (15 %), musique : BMG (15 %) ; Arvato et Direct Group (conseil, logistique, clubs) (35 %).	18,3 milliards de dollars
Viacom (États-Unis)	**1994** : Rachat de Paramount par Viacom (8,2 milliards de dollars). **1998** : en Europe, Vente d'une partie de la maison d'édition Simon & Schuster. **1999** : rachat de CBS (35 milliards de dollars).	Édition, programmes, cinéma et vidéo (Paramount), chaînes de télévision (dont : CBS, MTV), distribution (Blockbuster), salles de spectacle, sites Internet, parcs d'attraction, sport.	26,6 milliards de dollars
Disney ABC (États-Unis)	**1995** : rachat de Capital Cities par Disney. **2004** : rupture avec le studio Pixar. Comcast lance une offre inamicale d'achat sur Disney.	**Cinéma** (27 % du CA), Parcs d'attraction (24 %), produits dérivés (9 %), médias (réseau ABC) (40 %).	27 milliards de dollars

Groupe	Opérations récentes majeures	Câble réseaux, services interactifs	CA 2002
NewsCorp (Australie-États-Unis)	Regroupement des activités américaines (75 % du chiffre d'affaires du groupe) dans une nouvelle entité : Fox Group. Tentative de prise de contrôle de Direct TV en 2004.	Presse (21 % du CA, *Times*, *Sun*), édition (7 %, Harper Collins), télévision (27 %, BSkyB), cinéma (26 %), réseaux et satellite (14 %), sport.	29,9 milliards de dollars
Vivendi Universal (France)	**Juillet 2002** : le groupe annonce des pertes de 35 milliards d'euros. Le nouveau président prépare la vente de nombre d'actifs dont VU Publishing.	Groupe Canal Plus, Univ. Music, Vivendi U. Games, NBC Univ. (contrôlé à 20 %), SFR et Maroc Telecom.	25,5 milliards d'euros
Sony (Japon)	**1989** : achat de Columbia et de TriStar Achat de CBS Records. **1992** : cession de 12,5 % des activités audiovisuelles à Toshiba. **2004** : suppression de 20 000 emplois (sur 168 000) et réorganisation du groupe.	Hardware (matériel télévision, vidéo et multimédia, consoles de jeux, ordinateurs), téléphonie, software (Sony Music Ent., Sony Pictures, jeux vidéo).	62 milliards de dollars
Pearson (Royaume-Uni)	Britannique, implanté à 70 % aux États-Unis. Acquisition de Simon and Schuster et de Dorling Kindersley (encyclopédies pour enfants) ; abandon de son activité télévision.	Éducation (60 % du CA), Livre (21 %, Penguin Books), presse (19 %, groupe Financial Times, dont le quotidien français *Les Échos*).	7,4 millions de dollars

Source : Rapports d'activité (2003).

Convergence et nouvelles stratégies industrielles

Les groupes tentent de faire converger leurs intérêts en matière de communication dans les domaines jusqu'alors séparés des matériels, des contenus, des réseaux (câble, téléphonie mobile, Internet) et des distributeurs (chaînes de télévision). Cette stratégie est caractéristique de Sony, dont la spécialité de base, le *hardware* (65 % de son chiffre d'affaires) se renforce par des investissements systématiques dans le *software*, programmes, musique, cinéma, logiciels, et dans la micro-informatique, jouant avec une certaine précocité, la carte de la « convergence ». Celle-ci se décline à deux niveaux. Le premier, le plus communément admis, est le regroupement des équipements grand public, téléphone, télévision, ordinateurs. À un second niveau, plus avancé, la convergence concerne les réseaux, et par exemple la fourniture, par des opérateurs de télécommunication, de programmes audiovisuels et de services d'accès à l'Internet. Elle consiste ainsi en l'utilisation indifférenciée d'un ensemble d'infrastructures de transport, par des services audiovisuels et des services de télécommunications. Deux types d'alliances industrielles en résultent : rapprochements horizontaux (comme celui de Canal Plus et de Nethold), pour des activités données, et intégration verticale impliquant des sociétés intervenant à différents niveaux de la filière (alliance Bertelsmann-AOL, entrée de Microsoft dans le capital de A&T).

Il ne saurait être question de proposer une vision angélique des effets de ces changements. S'ils sont créateurs de nouveaux métiers (le médiatiseur spécialiste de la combinaison de documents textuels, sonores et visuels selon un scénario fourni, le créateur de l'interface, le traducteur de formats numériques), ils détruisent aussi des emplois, par les gains de productivité et le raccourcissement des processus de production ou des modes de distribution (domination de la distribution directe) qu'ils autorisent. L'apparition de nouveaux entrants peu sensibles aux enjeux culturels n'est pas sans danger. C'est ce que souligne un rapport du Sénat (1998), pour lequel le numérique constitue « une menace car il ouvre le secteur de la communication à des opérateurs dont la puissance financière est bien supérieure à celle des acteurs habituels de l'audiovisuel », entraînant des « risques d'abus de position dominante ». Se pose dès lors la question de la taille critique des groupes européens, argument qui a prévalu lors du rachat de Havas par la Compagnie générale des eaux en 1998.

Les conséquences de ces mouvements industriels sont empreintes de contradictions. D'un côté, les tendances à l'uniformisation des produits risquent de s'accentuer avec la montée des enjeux financiers. Dans l'industrie du cinéma, la rentabilité des firmes repose sur quelques artistes dont les exigences ne cessent de croître [de Vany et Walls, 1999]. La place du cinéma indépendant se transforme en peau de chagrin, tandis que les superproductions se multiplient. Mais, d'un autre côté, la distribution directe des produits sur les réseaux peut aider à lever certaines barrières à l'entrée, dont on a vu qu'elles sont largement imputables au système de distribution [Alexander, 1994].

L'avenir des démocraties n'est pas indifférent à l'évolution de ces secteurs. James Billington, président de la *Library of Congress* de Washington, déclarait au *Monde* (1er janvier 1994) : « [...] parce qu'ils sont incontrôlables une fois publiés, vendus, disséminés, lus, les livres sont une formidable barrière contre toute tentative totalitaire ; les nouvelles technologies de l'ère multimédia, parce qu'elles supposent quelques grands centres organisateurs diffuseurs, sont plus vulnérables à un contrôle centralisé ». Les bouleversements des technologies et la mondialisation de l'offre rendent certains pays de plus en plus attentifs au fait que les produits culturels sont des garants des identités nationales. C'est là un des fondements de l'intervention publique, qui, presque naturellement légitime, bien que souvent décriée dans les secteurs à l'abri des logiques industrielles, est sujette à controverse en ces domaines où les intérêts financiers prévalent sur d'autres considérations.

Convergence et stratégies industrielles : le difficile mariage des contenus et des réseaux

C'est par une fusion spectaculaire que démarre l'année 2000 : le mariage de Time Warner et de AOL permet de créer un groupe d'un chiffre d'affaires total de près de 32 milliards de dollars, et qui emploie plus de 82 000 salariés. Cette fusion consacre la place prépondérante de l'Internet puisque, au terme de la transaction, les actionnaires de AOL détiendront 55 % du capital du nouveau groupe, alors que AOL ne représente que 20 % du cash flow de l'ensemble (pour un chiffre d'affaires de près de 5 milliards de dollars). La présidence sera accordée à l'actuel président de AOL, Steve Case.

La fusion permet alors à AOL un accès à un réseau à haut débit (par le câble) afin de proposer aux abonnés programmes, information, commerce électronique. Time Warner entérine ainsi, et sans doute trop vite, le recul du commerce traditionnel au profit de la diffusion et de la distribution sur les réseaux ; le groupe, numéro un de la communication dans le monde, entend élargir encore ses débouchés pour les programmes de télévision, les films, les disques et livres qu'il produit. AOL compte en effet 35 millions d'abonnés Internet, tandis que Time Warner en a fidélisé 13 sur ses réseaux télévisés et sur le câble. Mais, deux années après cette fusion spectaculaire, l'heure est au bilan. Contrairement aux prévisions effectuées au plus haut de la spéculation sur la nouvelle économie, l'Internet haut débit n'a séduit que 10 % des foyers américains et 2 % des foyers européens. Les valeurs de la nouvelle économie se sont effondrées, de sorte que ce sont les profits sur les contenus qui compensent une part des pertes enregistrées sur les réseaux. La chute de la valeur des actions conduit le groupe AOL/Time Warner, qui valait 290 milliards de dollars en janvier 2000, à n'en plus valoir que 55 en avril 2002. Le groupe reprend son nom antérieur, Time Warner, et décide fin 2003 de céder ses activités musicales afin de réduire son endettement.

V / Les politiques culturelles

La tradition interventionniste de la France, comme saturée pendant les années où Jack Lang eut la charge de la politique culturelle (1981-1986 et 1988-1993), a été critiquée avec virulence à partir de la fin des années quatre-vingt, le « tout-culturel » nourrissant pour les uns la « défaite de la pensée » [Finkielkraut, 1987], contribuant pour les autres à la stérilisation de la création par « l'État culturel » [Fumaroli, 1991] et à la toute-puissance d'une bureaucratie plus sensible à ses rentes qu'au développement harmonieux du secteur [Frey et Pommerehne, 1989].

1. Les fondements économiques des politiques culturelles

L'économie politique paretienne est fondée sur l'idée que la libre concurrence sur les marchés permet d'atteindre le maximum de bien-être collectif. L'intervention publique en faveur de la culture tire alors sa légitimité des défaillances du marché, qui résultent de la nature des biens, indivisibles et collectifs ou mixtes [Farchy et Sagot Duvauroux, 1994 ; O'Hagan, 1998]. Les effets externes, au profit d'autres activités ou des générations futures, se traduisent par un décalage entre bénéfices sociaux et bénéfices privés retirés de la dépense, et justifient l'intervention culturelle.

On peut aussi arguer du fait que la dépense publique produit un effet multiplicateur sur l'activité économique. Dans la tradition des travaux de William Baumol, on invoque des arguments d'économie industrielle pour conférer une légitimité à l'aide aux secteurs en déclin ou aux industries naissantes. Les particularités de la demande peuvent enfin requérir l'intervention publique, qu'il s'agisse de réduire les inégalités sociales en démocratisant l'accès à la culture, de limiter les facteurs d'incertitude par des réglementations protectrices, ou bien encore de permettre aux générations futures de jouir d'un patrimoine entretenu et enrichi.

L'argumentation libérale. Les défaillances du marché

Le bien culturel revêt en partie un caractère de bien collectif, au sens que Paul Samuelson [1954] a donné au terme : sa consommation par un individu n'est pas exclusive de la consommation de la même quantité du même bien par un autre individu (non-rivalité). Elle est indivisible : qu'il s'agisse d'entrer au cinéma ou au théâtre, de visiter un musée, plusieurs personnes peuvent jouir de l'accès au bien culturel, sauf encombrement et saturation. Le coût marginal du spectateur ou du visiteur supplémentaire est donc nul, et, si l'exclusion par le prix est possible, un paiement forfaitaire, libre de la confrontation entre offre et demande, est établi. Il se peut de plus que l'offreur soit dans l'impossibilité de faire payer un prix pour l'accès à ce bien (non-excluabilité). Rien n'interdit à quiconque le souhaite de jouir de la vue sur tel monument du patrimoine culturel. Le consommateur espère alors bénéficier de cette vue sans avoir à s'acquitter d'un prix qui représenterait sa contribution à l'entretien de ce patrimoine. Seul l'État, en répartissant la charge sur les citoyens par le biais de l'impôt, est à même de contrer le comportement du « passager clandestin » [Buchanan] qui compte sur d'autres pour que le plaisir qu'il retire de sa consommation trouve une contrepartie financière.

Des effets externes au profit d'autres activités ? — Des effets externes positifs apparaissent chaque fois que des individus ou des firmes sont affectés dans leur activité par l'existence du bien ou du service culturel, sans que le producteur puisse être payé en retour. Les effets externes peuvent être privés, en faveur du tourisme par exemple, ou publics, améliorant le niveau de civilisation d'une nation. Le marché, dans l'ignorance de ces effets externes positifs, tend naturellement à produire moins que l'optimum. Le rôle de l'État est alors de contribuer au financement de la production, si l'agent qui bénéficie de ces retombées ne le fait pas. Les arts vivants ont ainsi des effets externes positifs pour les *mass media*, pour lesquels ils constituent des terrains d'expérimentation ou de promotion. C'est pourquoi l'industrie du disque sponsorise les festivals, sans qu'il soit possible d'apprécier si cette compensation est à la mesure de ses retombées industrielles : la firme Polygram a dans cette optique financé Woodstock. Un festival de musique ou de théâtre apporte des recettes à la ville qui l'organise. Celle-ci contribue à son financement en retour. En France, l'investissement culturel est partie intégrante de projets d'aménagement du territoire : les rénovations d'éléments architecturaux d'intérêt artistique participent d'une politique touristique destinée à attirer des visiteurs susceptibles de séjourner dans des régions un peu enclavées. Des monuments drainent des flux de touristes : Chenonceaux, propriété de la famille Meunier, accueille chaque année 945 000 visiteurs et emploie 70 personnes en haute saison. L'État contribue à l'entretien du château.

L'effet multiplicateur de la dépense culturelle

En mars 1992, Rudolph Giuliani, maire de New York, annonce que la municipalité versera des bourses à des institutions culturelles. Il s'appuie, afin de convaincre du bien-fondé de ces dépenses, sur une étude qui montre que l'impact économique total de la culture aurait atteint 55 milliards de francs pour l'agglomération new-yorkaise, en incluant les frais de transport, d'hôtel, de restaurant, liés aux sorties culturelles. Cette conclusion rejoignait celle d'un rapport du Port Authority qui, en 1983, évaluait l'importance des arts pour la ville et pour le New Jersey. Une brochure de l'Arts Council, datant de 1985, vantait aussi les mérites de l'art qui offre des emplois, stimule le tourisme et incite les multinationales à s'installer en Grande-Bretagne. Plus tard, en 1988, John Myerscough était chargé de calculer l'impact économique des arts à Glasgow, Ipswich et dans le Merseyside. L'effet multiplicateur, défini comme le revenu net apporté pour une livre de dépense, variait entre 1,11 et 1,20. Au Québec, l'activité de trois organismes culturels, un orchestre, un musée, un festival, aurait généré des retombées de l'ordre de 1,5 à 3 fois supérieures aux dépenses engagées [Colbert, *in* Dupuis éd., 1990]. En France, enfin, en 1985, en contrepartie d'une subvention de 13,5 millions de francs, le festival d'Avignon aurait généré 25,5 millions de dépenses [Pflieger, 1986].

Des études d'impact se sont ainsi employées à évaluer les retombées économiques des dépenses culturelles. Elles distinguent trois grandes catégories de flux : directs (dépenses locales, salaires, achats des institutions), indirects (dépenses effectuées par tous ceux qui fréquentent l'organisme culturel) et induits (retours positifs de ces dépenses dans le long terme). Les coûts comprennent quant à eux les subventions et les aides en nature (mise à disposition de locaux, de personnel). Toutes montrent que l'investissement culturel génère des flux de revenus au multiple. La conclusion semble s'imposer : dépenser pour la culture, c'est agir en faveur de la vie économique...

La valeur de prestige, d'héritage, et la valeur éducative

« De superbes palais, de magnifiques maisons de campagne, de grandes bibliothèques, de riches collections de statues, de tableaux et d'autres curiosités de l'art et de la nature font souvent l'ornement et la gloire, non seulement de la localité qui les possède, mais même de tout le pays. Versailles embellit la France, et lui fait honneur, comme Stowe et Wilton à l'Angleterre. » Ainsi devisait Adam Smith (*La Richesse des nations*, livre II, chap. III, p. 182), soulignant déjà les effets externes, sans employer le terme, des investissements culturels. « Parmi ses effets externes, la production et la consommation de biens culturels ont des effets positifs sur la société, par la contribution qu'elles apportent à la cohésion sociale et à la formation des hommes » [Pigou]. Scitovsky [1972] considère que c'est là le seul argument de poids pour justifier l'aide publique : il faut éduquer les dispositions esthétiques des hommes, ils en ressentiront plus encore de bien-être. Cet effet bénéfique n'est pas toujours perçu par les citoyens ; les biens doivent alors être mis « sous tutelle », et l'État se charge d'inciter les citoyens à leur production et à leur consommation : « Les considérations portant sur le caractère de bien sous tutelle des biens culturels ont constitué l'argument le plus fort de l'explication de l'intervention publique en faveur des arts » [Throsby et Withers, 1979, p. 192]. L'exemption d'impôts dont les musées américains bénéficient résulte ainsi de la fonction éducative qu'ils assument. Lionel Robbins soulignait d'ailleurs que les effets positifs de l'art ne touchent pas seulement ceux qui sont prêts à payer, mais une communauté d'hommes plus large [1963, *Politics and Economics. Papers in Political Economy*, p. 58]. Le bien culturel est un « bien social irréductible » [Throsby, 1994], dont les bénéfices ne sauraient être attribués à des individus précis.

La conservation du patrimoine, mais aussi l'édification d'un patrimoine nouveau, par des constructions de prestige, les achats ou les commandes d'œuvres d'art constituent le socle des legs aux générations futures. Seul l'État est à même de protéger et de financer ces consommations de demain. Tel est aussi l'argument qui préside à l'adoption de réglementations qui encadrent et limitent les exportations d'œuvres d'art.

Les particularités de l'offre

L'investissement culturel, lorsqu'il intègre un degré élevé d'innovation, comporte une forte incertitude quant à ses résultats (cf. chap. IV). Et la production culturelle, du moins sur certains segments de l'offre, s'accompagne rarement de gains de productivité (cf. chap. II). L'État se substitue alors au marché pour soutenir des secteurs qui sans cette manne seraient condamnés au déclin. En premier lieu, ce « coup de pouce » à l'offre s'exerce au niveau de la création. En France, deux mille ateliers appartiennent à l'État ou à des villes. Outre la possibilité d'accéder à ces ateliers, les artistes bénéficient de divers soutiens (bourses, prix, commandes publiques...). Une part importante de l'art contemporain travaille quasi exclusivement pour les musées, seuls débouchés pour les œuvres gigantesques. Des milliers d'œuvres ont été achetées par des institutions publiques, le FNAC et les FRAC créés en 1875 et 1982 afin de promouvoir l'art contemporain. L'aide à la création évite « les pertes de talents vers d'autres professions ou vers des pays étrangers » [Netzer, 1978, p. 158]. L'aide vise aussi, lorsque la production est privée et industrielle, à ce que les entreprises prennent le risque de promouvoir de nouveaux artistes et créateurs. Tel est le sens des aides sélectives sur projet.

Dans les industries du livre et du cinéma, la faiblesse et la lenteur de la diffusion des produits les plus innovants en rendent la production difficile en l'absence d'une subvention, d'un prêt ou d'une aide pour l'obtention de crédits. En France, les aides automatiques, qui libèrent le décideur de l'épineuse question du choix, se combinent à des aides sélectives, affectées à divers projets par des commissions aux choix souverains. L'achat par la collectivité publique de livres ou de phonogrammes constitue aussi un soutien, certes faible en France, où les bibliothèques demeurent assez pauvres en matière de crédits d'acquisition. Paradoxalement, l'amélioration du réseau et l'accroissement du nombre des prêts suscitent quelque inquiétude chez les éditeurs, soucieux de rendre le prêt payant afin de ne pas pénaliser la profession. Une directive européenne de 1992 ainsi qu'un rapport remis au ministre français de la Culture [Borzeix, *in* de Saint-Pulgent, 1999] prônent le prêt payant. En Grande-Bretagne, l'Office of Arts and Libraries finance un système de rémunération aux auteurs pour le prêt de leurs œuvres dans les bibliothèques publiques.

Les formes de soutien évoluent avec le cycle du produit, descendant le long de la filière à mesure de la place que l'aval tend à occuper [Dupin et Rouet, 1991]. Dans les industries du livre ou du cinéma, les réglementations et les subventions (à la librairie, pour le maintien du parc de salles) sont la marque de cette évolution. La modulation du taux de TVA participe de cette politique ; toutefois l'Union européenne n'autorise des taux de TVA réduits, pour les biens et services culturels, que pour les livres et magazines, les droits d'auteurs et droits voisins, les expositions et manifestations culturelles, les entrées dans les cinémas, musées, salles de concert, théâtres et pour les services de télévision.

Les modes de formation et d'expression de la demande

Un agent économique peut souhaiter se réserver la possibilité de consommer un bien ultérieurement. Pour ces demandes d'option (Weisbrod, *The Nonprofit Economy*, Cambridge, 1988), le prix que le consommateur est prêt à payer est fonction de la satisfaction escomptée, compte tenu de l'état de son information et de ce qu'il ne peut être certain de consommer le bien. L'État prend le relais du citoyen, financeur de l'avenir pour des citoyens potentiellement consommateurs. Dick Netzer [1992] suppose ainsi qu'existe une demande d'option pour une Venise moins congestionnée par le tourisme et la pollution, et en déduit le bien-fondé d'un droit d'entrée dans la ville. La difficulté est alors de déterminer le montant de ce droit afin d'optimiser les avantages sociaux nets qu'il générerait. Reste à prouver toutefois que l'État est meilleur juge de l'avenir que les citoyens. La propension bien connue de l'administration à différer les dépenses d'entretien de ses bâtiments lorsqu'elles ne sont pas associées à des dépenses de prestige donne à penser que le débat est ouvert.

Incertitude et intervention publique

Les asymétries d'information contribuent à nourrir l'incertitude sur la qualité des produits. La réglementation des marchés de l'art, en imposant des normes de professionnalité et des garanties, protège l'acheteur, généralement plus ignorant que l'expert. On peut considérer qu'il est de la vocation de l'État de contribuer à la prise en charge de la production du système de normes et de conventions qui est au fondement de la valeur des produits. Le bien collectif n'est pas tant le bien culturel lui-même que l'ensemble des normes et des valeurs, le capital de valeurs esthétiques communes qui président à la reconnaissance du caractère culturel du bien. C'est ainsi que l'on peut interpréter le financement indirect de l'information par la télévision publique, par des récompenses officielles, etc. Si l'État n'est pas le seul véhicule de cette promotion, il en est un financeur.

2. Les formes des politiques culturelles

Selon une étude menée par Mark Schuster pour les années 1982-1983 [*in* Girard éd., 1988], les États-Unis sont le pays occidental le moins enclin à l'aide publique directe à la culture, qu'il estime à 3 dollars par tête contre 32 en France et 9,6 en Grande-Bretagne. Toutefois, la prise en compte des financements indirects, sous la forme de déductions fiscales, fait remonter la participation des pouvoirs publics américains au financement de la culture à 13 dollars, tandis qu'elle laisse celle des Français quasi inchangée et accroît à peine celle des Anglais dont le ministère de la Culture, mis en place par Tony Blair, subit quasi structuremment des coupes budgétaires. On peut donc opposer le modèle anglo-saxon peu interventionniste, et le modèle de l'Europe du Sud, bien plus enclin à en appeler aux aides publiques. La France est toutefois un cas particulier : avec ses seize mille agents, si l'on prend en compte les établissements publics, et un budget de 1 % de celui de l'État, le ministère de la Culture français est sans équivalent dans le monde [voir Lacombe, 2004].

La distinction entre deux modèles ne revêt pas seulement un caractère quantitatif : le premier modèle privilégie le versement de subventions à des organismes indépendants chargés de les répartir auprès des organismes demandeurs, tandis que dans le second un ministère gère directement les subventions. À mi-chemin entre ces deux modèles, divers pays ont choisi de déléguer au niveau régional la charge de la politique culturelle. En Allemagne, la tradition de décentralisation fait des *Länder* les lieux privilégiés de définition et de mise en œuvre de cette politique. Une Conférence permanente des ministres des Affaires culturelles des seize *Länder* veille à la coordination des initiatives. Quelques domaines relèvent toutefois du ministère en charge de la Culture depuis 1998, droits d'auteur, aides au cinéma, politique fiscale. En Italie, quatre niveaux de pouvoir se partagent les responsabilités culturelles. En Espagne 17 communautés autonomes interviennent en relation avec l'État théoriquement décisionnaire, mais peu prescripteur en pratique.

La faiblesse de l'intervention publique dans les pays anglo-saxons

En Grande-Bretagne [Colli, 1992], le Council for the Encouragement of Music and the Arts, futur Arts Council, créé en 1940 et présidé par Keynes, avait pour objectifs initiaux d'aider les artistes victimes de la crise économique et de pousser la population à se distraire grâce à l'art. L'institution répondait à la situation de crise plus qu'elle ne poursuivait des objectifs culturels. Aujourd'hui une myriade d'institutions verse des aides avec une grande autonomie de choix. Le National Heritage partage avec les ministères de l'Environnement la charge du patrimoine. Le cinéma, de même que l'édition, le droit d'auteur et l'exportation des œuvres d'art dépendent du ministère de l'Industrie ; la radio et la télévision, de celui de l'Intérieur. Les collectivités locales distribuent chichement quelques subsides. De même que dans l'État du Massachusetts, qui redistribue aux conseils culturels des communes, en fonction du nombre d'habitants, une fraction des revenus de la loterie [Hero, *in* Girard éd., 1988], une part des recettes de la Loterie nationale est versée à l'Arts Council (375 millions de livres en 1998).

Une fois leur dotation fixée (234 millions de livres en 1998), les Arts Council réunissent des commissions indépendantes chargées d'évaluer des projets. Ce dispositif a l'inconvénient d'attribuer à « une poignée d'hommes d'influence choisis au sein de l'infime minorité de la population qui fréquente habituellement l'opéra » le pouvoir « d'allouer à l'opéra des fonds publics considérables » (Colli, 1992, p. 9).

L'intervention publique en faveur des arts n'est vraiment née aux États-Unis que dans les années soixante, avec la création du New York State Council en 1960, doté cette année-là d'un budget de 50 000 dollars. En 1965, après d'âpres débats, le président Johnson obtient la création du National Endowment for the Arts, et du National Endowment for the Humanities.

Aide publique aux arts aux États-Unis

	1984	1997
Aides fédérales (millions de dollars)	265,62	237,17
Aides octroyées par les États (millions de dollars)	436,46	929,49
Total (millions de dollars)	702,08	1 166,65
Montant par habitant (dollars)	2,97	4,35
Montant en millions de dollars 1984	702	755

Source : Heilbrun et Gray, 2001.

Le NEA dresse la liste des institutions susceptibles de recevoir ses subventions, à charge pour elles de trouver un mécénat privé d'un montant au moins équivalent, sans quoi la somme ne peut être versée ; en certains cas, il est même demandé de rassembler une somme trois fois supérieure (système dit des *challenge grants*). Ce système permet de stimuler l'aide privée par l'aide publique en évitant qu'elle ne s'y substitue [Cummings, *in* Benedict, 1991]. En Grande-Bretagne, le Business Sponsorship Incentive Scheme revient de même à compléter l'effort des entreprises en faveur de la culture, en donnant une livre pour une livre dépensée lors d'une première opération de mécénat, puis une livre pour trois pour les initiatives suivantes s'il s'agit de la même entreprise.

La tradition française d'intervention

La tradition d'intervention est née avec les monarques, qu'il s'agisse de François Ier, mécène, protecteur des artistes et collectionneur, instigateur du dépôt légal, ou plus tard de Louis XIV, qui encourage et pensionne artistes et écrivains. La Révolution ne marque guère de rupture, si ce n'est dans la volonté de lier l'instruction des hommes et la protection des arts. D'importantes commandes aux artistes transforment les villes au XIXe siècle. En 1870, de timides tentatives de créer un ministère chargé des Affaires culturelles voient le jour. Un ministère éphémère est créé, mais ses compétences sont aussitôt transférées à celui de l'Instruction publique, puis au cabinet Gambetta. Le Front populaire confie à Jean Zay la charge de l'Instruction publique et des Beaux-Arts ; avec les congés payés, il ouvre la voie de la démocratisation de la culture dans le cadre des loisirs de masse.

Le Préambule de la Constitution de 1946, repris en 1958, stipule que la « nation garantit l'égal accès de l'enfant et de l'adulte à l'instruction, à la formation professionnelle et à la culture ». La création du Centre national de la cinématographie en 1946 et l'arrivée à la tête du Théâtre national populaire (créé en 1920) de Jean Vilar donnent chacune en son domaine une nouvelle dimension à l'intervention culturelle : l'aide aux industries, d'un côté, l'ouverture du théâtre à des publics élargis et à des répertoires inexplorés jusqu'alors, de l'autre. En 1959, André Malraux récupère les attributions précédemment dévolues au ministère de l'Industrie en ce qui concerne le cinéma et au ministère de l'Éducation nationale en ce qui concerne les arts et lettres, l'architecture, et les Archives. Il prend le titre de ministre d'État chargé des Affaires culturelles. « Les grandes conquêtes tangibles du ministère Malraux tiendront non à un surcroît de moyens mais à un surcroît de conviction et de cohérence, à travers le développement de la politique de démocratisation amorcée sous la IVe République et de la politique de mise en valeur et d'entretien du patrimoine amorcée encore auparavant » [Ory, 1989, p. 59]. En revanche, Malraux développe la commande publique (à Chagall, Masson, Messiaen...), « dans la plus pure tradition du monarchisme éclairé » [*ibid.*]. Mention doit être faite des maisons de la culture, ces « cathédrales du XXe siècle », outils de la démocratisation et de la décentralisation culturelle.

La France demeure attachée à ce que les dépenses culturelles soient du ressort de l'État, la sanction du citoyen sur les choix effectués ne se révélant que dans le cadre des consultations électorales ordinaires. L'État affecte près de 1 % de son budget au secteur culturel, approchant le seuil revendiqué par Jean Vilar en 1968. En réalité, les sommes affectées par la puissance publique sont bien plus importantes, lorsque l'on prend en compte l'effort fourni par les collectivités locales (régions : 242 millions d'euros ; départements : 784 ; villes : 3 590 en 2001), et par d'autres ministères (3,05 milliards d'euros en 2000). La pluralité des niveaux de l'intervention limite les risques de coupes budgétaires au gré des changements de majorité politique.

Budget voté du ministère de la Culture

(millions d'euros courants et constants, base 1980)

Années	Euros courants	Euros constants	Années	Euros courants	Euros constants	Années	Euros courants	Euros constants
1980	405	405,0	1988	1 345	782,9	1996	2 368	1 083,3
1981	454	400,4	1989	1 518	852,8	1997	2 306	1 087,9
1982	914	720,8	1990	1 598	868,5	1998	2 309	1 081,8
1983	1 066	766,9	1991	1 845	971,6	1999	2 395	1 111,1
1984	1 227	821,8	1992	1 975	1 015,5	2000	2 452	1 120,9
1985	1 306	826,6	1993	2 107	1 061,3	2001	2 549	1 148,5
1986	1 467	904,4	1994	2 059	1 020,1	2002	2 549	1 124,7
1987	1 371	819,5	1995	2 067	1 006,6			

Source : MCC, calculs effectués à partir de l'indice des prix INSEE.

On constate l'acrroissement spectaculaire du budget en 1982, après l'accession de la gauche au pouvoir ; les tassements de 1987-1988, puis de 1994, accompagnent les changements de majorité. L'augmentation de 1996 résulte notamment de l'intégration de l'architecture aux compétences du ministère de la Culture. En 2002, le budget atteint 2,61 milliards d'euros. On sera passé de 0,38 à 1 % du budget de l'État entre 1960 et 2002.

Répartition du budget du ministère de la Culture, année 2001

(%)

Patrimoine, dont :	**34**
Arts plastiques	1,94
Patrimoine muséographique	10,63
Monuments et architecture	15,30
Livre et lecture	5,77
Archives	0,36
Enseignement et formation	**6**
Développement culturel et spectacles, dont :	**26**
Cinéma et audiovisuel	2,53
Théâtre, spectacles, musique et danse	20,65
Développement culturel, langue française	2,82
Personnels, moyens et équipements des services et des établissements	**30**
Divers	**4**
Total	**100**

Source : D'après MCC.

Les modalités d'intervention des pouvoirs publics

L'État dispose d'une panoplie de moyens en matière d'intervention, dont le choix dépend du degré de dépendance du secteur, des contraintes internationales et des traditions qui ont pu prévaloir jusqu'alors.

Les politiques de réglementation. — Parce que le produit culturel n'est pas un produit comme un autre, le législateur a adopté des réglementations qui encadrent le système des prix ou le jeu de la concurrence. Afin de sauvegarder un réseau dense de librairies, nécessaire à la distribution des livres réputés difficiles, au pluralisme de la création littéraire, et à la possibilité de l'accès du plus grand nombre à des points de vente harmonieusement situés sur le territoire national, une loi a été adoptée en France en 1981. Cette loi stipule que le prix des livres neufs vendus par les détaillants est fixé par l'éditeur, quel que soit le circuit de distribution. Le détaillant est en droit d'appliquer une remise plafonnée à 5 % de ce prix. La concurrence des grandes surfaces, dont la force de frappe leur permettait de proposer des remises aux clients, conduisait à l'asphyxie des commerces de détail, incapables de concéder des remises analogues ; or les grandes surfaces privilégiaient la vente des livres de grande diffusion, produits d'appel pour d'autres biens. Les libraires ne pouvaient alors dégager de marges sur ces livres afin d'établir une péréquation de leurs profits avec des livres d'écoulement plus lent. Certes, les FNAC, qui ont combattu avec vigueur cette loi, offraient un fonds très riche, mais pour quelques FNAC, combien de grandes surfaces ne choisissaient de vendre que quelques titres seulement ? Cette réglementation est en vigueur sous une forme législative en Grèce, en Espagne, au Portugal, et sous des formes contractuelles en Allemagne, en Autriche, au Danemark, en Italie, au Luxembourg, aux Pays-Bas. En revanche, en 1995, le Net Agreement Book britannique, qui datait de près d'un siècle, est abrogé, conduisant en deux années à un renforcement de la part de marché des grandes surfaces et des chaînes au détriment de celle des libraires indépendants, et à une baisse du prix des livres les plus vendus, tandis que le prix des ouvrages spécialisés augmente fortement. En 1998, la Commission européenne met en cause un accord prévoyant le respect du prix fixé par l'éditeur pour la vente des livres dans l'espace linguistique germanophone et suggère que des systèmes de protection sélective assortis d'aides à la création se substituent à la protection de tous les livres.

Afin de protéger les créations audiovisuelles nationales, les pays membres de l'Union européenne imposent des quotas à leurs chaînes de télévision (*cf.* encadré *infra*). De même, en France, depuis 1996, la loi oblige les radios nationales de variétés à diffuser 40 % d'œuvres musicales créées ou interprétées par des auteurs ou artistes français ou francophones, dont la moitié au moins provenant de nouvelles productions (artistes n'ayant pas vendu deux albums au moins à 100 000 exemplaires ou plus), entre 6 h 30 et 22 h 30. Cette loi est controversée, car elle pénalise les musiques produites en France mais qui ne sont pas chantées en français, comme celles des Gipsy Kings ou de Mory Kanté, et elle met le consommateur sous tutelle. On constate toutefois que l'audience des radios n'a pas diminué, et que la part de la chanson française dans les ventes de disques est passée de 44,7 % en 1993 à 62 % en 2002 (SNEP).

Subventions et taxes parafiscales. — Comme on l'a vu, les institutions non marchandes sont largement dépendantes de l'effort public. Bien que le cadre marchand et privé de son action n'ait pas en principe à dépendre de la manne budgétaire publique, le cinéma est particulièrement aidé. Des subventions alimentent des fonds de garantie de prêts bancaires : un organisme, l'IFCIC, créé en 1981, accorde des garanties en participant à la couverture des risques. Les taxes parafiscales constituent de plus un moyen efficace de redistribution intraprofessionnel. Les recettes du compte de soutien à l'industrie cinématographique (448 millions d'euros en 2002), géré par le Centre national de la cinématographie, proviennent essentiellement d'une taxe sur le chiffre d'affaires des diffuseurs télévisuels et d'une taxe sur le prix des places de cinéma ; le solde est assuré par les recettes d'une taxe sur les vidéogrammes. Le CNC verse des aides automatiques, calculées sur les résultats de l'exploitation et attribuées sous condition d'investissement, et des aides sélectives attribuées par la commission d'avances sur recettes (en 2002, 63 % des aides au cinéma étaient automatiques et 37 % sélectives). L'avance sur recettes est plafonnée depuis mai 1994 : la somme allouée à *La Reine Margot*, 8 millions de francs, avait surpris en regard de la moyenne des avances, 2,4 millions pour les autres films. Depuis, cinq experts dont le nom est tenu secret répartissent des avances sur le budget des films et non sur les recettes, remboursables en début de tournage. La diffusion et l'exploitation sont elles aussi soutenues à des fins de modernisation ou d'implantation de salles dans des zones mal desservies. Nombre de pays ont mis en place des systèmes de soutien qui s'inspirent du modèle français.

Le Centre national des lettres reçoit de manière analogue le produit de deux taxes : l'une, de 0,20 % sur tous les ouvrages vendus en librairie, et l'autre, de 3 % sur la vente de tout le matériel de reprographie. Il redistribue ces fonds sous la forme de bourses, de prêts ou de subventions pour l'édition de livres difficiles, pour des traductions, etc. Chaque année, huit cents ouvrages environ sont aidés, soit près d'une nouveauté sur trente. Pour le spectacle vivant, une taxe parafiscale, prélevée sur le prix des billets, de 3,5 % pour les spectacles dramatiques et de 1,75 % pour les autres spectacles, permet de redistribuer des aides.

Le mécénat : un substitut à la subvention ? — L'importance des incitations fiscales prend toute sa dimension avec les dispositions qui encadrent le mécénat [Rigaud, 1995]. En principe réservés aux opérations sans contrepartie, ces dispositifs sont appliqués largement, d'autant qu'un mécénat sans contrepartie, ne serait-ce qu'en termes d'image, pourrait être perçu comme une forme de dévoiement des bénéfices de l'entreprise. Des déductions fiscales plafonnées (sauf en Italie en cas de financement de biens patrimoniaux expressément désignés) incitent à la dépense. L'analyse économique lie l'ampleur de ces dons à leur prix [Don Fullerton, *in* Feldstein, 1991] : plus le niveau de revenu est élevé, plus le coût de la philanthropie diminue en termes relatifs, la déduction fiscale trouvant à s'appliquer sur des fractions du revenu soumises à un taux d'imposition croissant. Lorsqu'en 1986 le président Reagan fit adopter une réforme fiscale qui réduisait le taux de l'impôt sur les bénéfices des sociétés, le « coût » des donations s'accrut, et le montant du mécénat s'en trouva affaibli.

La taille des fortunes privées joue sur le volume du mécénat. De grandes familles, en donnant un peu de leur fortune, attachent à leur nom une part de l'héritage culturel national. Telle, parmi les plus célèbres, la fondation Getty, dont les avoirs se montent à 4 milliards de dollars, et qui ne cesse d'enrichir ses fonds du fait d'une disposition statutaire qui lui impose de dépenser en achats d'œuvres d'art au minimum 4,25 % de sa dotation, trois années sur quatre.

Donations des entreprises américaines en faveur des arts

Années	Montant (millions de dollars)
1976	336
1986	896
1991	781
1996	815
2003	621,69

Source : Heilbrun et Gray, 2001 ;
AAFRC Trust for Philanthropy, 2004.

Le poids du mécénat dans le financement de la culture n'est pas récent. Nombre de musées anglais, dont la National Gallery à

Londres, la quasi-totalité des musées américains sont nés grâce au mécénat privé. Faut-il rappeler le rôle des Médicis à Florence, des Fugger pour Dürer ? Très inégalement réparti suivant les pays, il est élevé aux États-Unis et en revanche fort peu développé en France où il se montait à 198 millions d'euros en 2000 (ADMICAL).

Au Royaume-Uni, pays pourtant de tradition libérale, cet effort est plus élevé qu'en France : 103,4 millions de livres en 1998 [Arts Councils UK, 2000] En Allemagne et en Italie, les caisses d'épargne et de prévoyance sont tenues d'affecter une part de leurs ressources à l'action culturelle. Celle de Turin a consacré en 1986 11 milliards de lires à diverses actions en faveur du patrimoine.

On peut s'interroger sur l'influence de la source du financement sur la répartition des aides et sur les stratégies des institutions. Pour Paul DiMaggio [1986], la nécessité pour la firme de justifier une dépense de mécénat la conduit à privilégier des opérations à forte visibilité et des programmes peu risqués plutôt que des expériences innovatrices. Cela va de pair avec une certaine indifférence au « mérite artistique ». Robert Abirached porte un regard sévère sur la destination des dons : « Le gros de l'argent va aux plus riches, aux plus célèbres, et aux mieux favorisés par les médias, dans les régions les plus favorisées » [1992, p. 105]. À Washington, une exposition consacrée à Francis Bacon, jugée insuffisamment médiatique, ne trouva pas de mécène [Tobelem, 1990]. Le mécénat est parfois économiquement inefficace : aux États-Unis, les institutions non marchandes ne sont pas soumises à la taxe foncière ; cela confère un avantage aux institutions propriétaires de leurs murs qui ne se justifie pas par des considérations d'efficacité ni d'équité ; cet avantage incite à un surinvestissement immobilier [Feld et *al.*, 1983].

Divers autres types d'incitations fiscales se sont développés aux États-Unis [Schuster, *in* DiMaggio, 1986] comme en France : les SOFICA, créées en 1985, drainent l'argent des particuliers, moyennant des avantages fiscaux (fort contestés au demeurant) vers l'industrie cinématographique. La protection du patrimoine passe par un éventail de déductions qui permet au propriétaire d'entretenir son bien. En Grande-Bretagne, la loi a été votée de manière à alléger les charges des propriétaires et à les dissuader de vendre, sans que la propriété n'entre dans le domaine public. La *conditional exemption* permet à un individu qui reçoit, en don ou au titre d'une succession, une œuvre d'art d'intérêt national d'être exempté d'impôts sur le transfert de capital ; par le *private treaty sale*, le gouvernement est autorisé à apporter une somme supplémentaire au vendeur lors de la cession à un musée d'un bien protégé ; l'*acceptance in lieu* permet que des œuvres puissent servir à payer certains impôts. Selon l'analyse de Paul DiMaggio citée plus haut, l'inconvénient de ces mesures fiscales est l'absence de maîtrise de leur affectation et la difficulté à en prévoir le montant. Elles ne sauraient donc constituer des substituts même indirects de la subvention publique.

3. Les critiques des politiques culturelles

Les critiques des politiques culturelles s'articulent autour de trois thèmes : en premier lieu, l'inefficacité des institutions ou des réglementations en regard du jeu du marché. En d'autres termes, ce n'est pas parce que l'on constate diverses sources de défaillances des marchés qu'il faut en appeler à l'intervention publique, moins efficace encore. En deuxième lieu, la surestimation des effets externes positifs, et enfin les effets anti-redistributifs des subventions octroyées.

Rentes et excès de protections

Les institutions culturelles sont fréquemment des monopoles sur leur segment de marché. Les musées, les théâtres, les orchestres jouissent de situations de cet ordre, ce qui leur confère, du moins en théorie, un grand degré de liberté pour la fixation du prix. Cette tentation inflationniste est toutefois enrayée en fonction de la forme de la courbe de demande.

Les réglementations protectrices favorisent, selon l'école libérale, la captation d'une rente par certains offreurs. Pour William Grampp [1989], cela constitue un trait systématique des interventions publiques, qui se traduit par la fixation des prix à des niveaux supérieurs à ceux qui résulteraient du libre jeu de la concurrence. La qualité de « bien tutélaire » du bien culturel permettrait à ceux qui captent cette rente de vivre dans le sentiment de la légitimité de leur position. L'interdiction d'accorder des rabais supérieurs à 5 % sur le prix des livres peut s'interpréter comme une rente « générée par les libraires les plus efficaces, d'un montant égal à la différence entre le prix imposé et le coût marginal de ces librairies » [Messerlin, 1985]. Les clubs de livres bénéficient d'un régime dérogatoire à la loi qui les autorise à pratiquer des rabais neuf mois seulement après la parution d'un ouvrage. C'est une source de monopolisation de la seconde vie du produit qui génère des rentes dont la manifestation est la rentabilité relative de ce mode d'écoulement du produit. Dans le domaine de la restauration des monuments historiques, le monopole régional des architectes certifiés et des entreprises agréées conduit à des surcoûts. L'interdiction d'exportation des œuvres classées dévalorise les œuvres sur le marché et permet à l'acheteur de payer un prix

Les restrictions aux exportations d'œuvres d'art

La loi de 1913 introduit la possibilité du classement des objets mobiliers au titre des monuments historiques, dès lors qu'ils présentent un intérêt public « au point de vue de l'histoire, de l'art, de la science ou de la technique ». Celle-ci est assortie de l'interdiction d'exporter les objets classés. Cette loi est encore en vigueur. Une loi du 31 décembre 1992 complète ce dispositif en répartissant les œuvres d'art en trois catégories : biens circulant librement, biens soumis à autorisation de sortie, dont la valeur dépasse des seuils définis par catégorie : peintures, livres, dessins, etc., ou d'une certaine ancienneté, et trésors nationaux classés monuments historiques, ou qui appartiennent aux collectivités publiques dont les collections sont inaliénables. Un certificat de sortie est valable 5 ans. S'il est refusé, ce refus vaut pour trois ans et n'est pas renouvelable ; au-delà, l'administration doit acheter, lever le refus, ou classer. Le refus ne peut être opposé si le bien a été importé il y a moins de cinq ans.

inférieur à celui qui aurait résulté du libre jeu de la concurrence, etc. [Benhamou, *in* Peacock, 1998].

Nombre d'économistes s'étonnent de ce que le déclin de certains secteurs, incapables de générer des gains de productivité, puisse justifier à lui seul l'intervention de l'État. « En fin de compte, même si l'on explique que les coûts augmentent et que la production diminue, cela ne justifie pas les subventions gouvernementales. Un gouvernement n'a pas à subventionner chaque bien qui devient cher ou obsolète, c'est pourquoi un autre argument devrait être invoqué pour justifier le caractère particulier de l'art » [Peacock, 1991, p. 69]. Comme l'écrivait froidement William Grampp : « Les chaussures faites à la main deviennent de plus en plus chères avec le temps mais ce n'est pas une raison pour les subventionner » [1989, p. 262].

L'excès de protections et de réglementations affaiblit indéniablement la vigueur des marchés. Le libéralisme anglo-saxon a favorisé le développement du marché de l'art tandis qu'en France un système fiscal lourd, un encadrement strict de la profession de commissaire-priseur, des restrictions aux exportations ont certes permis de protéger le patrimoine national, mais au prix d'un marché demeuré atone. La protection dont bénéficie l'industrie audiovisuelle est de ce point de vue vivement critiquée. Pour George Stigler [1971], les réglementations résultent du triomphe de l'intérêt étroit du producteur sur l'intérêt diffus des consommateurs.

La bureaucratisation des institutions et la dérive des budgets

Selon Netzer [1978], l'octroi de subventions annuelles automatiques satisfaisant à des critères définis *a priori* ne peut être poursuivi durablement et se retourne contre ses bénéficiaires. Une sélectivité plus forte est nécessaire, malgré les risques qu'elle implique : la recherche d'allocations croissantes peut conduire les institutions à privilégier des programmations qui plaisent aux administrations de tutelle plus qu'au public. Pour Frey et Pommerehne [1989], le contexte institutionnel dans lequel se produisent les biens et services culturels est déterminant. Les auteurs développent divers exemples de l'inefficacité des institutions publiques, qu'il s'agisse de musées, de théâtres ou d'institutions du spectacle vivant : les gestionnaires rationnels ont leur propre fonction d'utilité et cherchent à maximiser les profits symboliques et les rémunérations directes dont ils sont susceptibles de bénéficier : le conservateur de musée a tendance à appliquer une stratégie de surqualité, qui privilégie les expositions les plus savantes, dans l'espoir de susciter l'admiration professionnelle de ses pairs, et il porte moins d'intérêt aux publics les moins avertis [Benhamou, 1997].

Les mesures réglementaires encadrent de façon rigide les relations de travail, conduisant les musées à maintenir des horaires d'ouverture inadaptés, interdisant l'évolution nécessaire des rythmes de travail en fonction des besoins de l'offre de spectacle, comme a sans doute pu en témoigner la difficulté de la direction de l'Opéra de Paris à négocier une nouvelle convention collective. Les réglementations les mieux intentionnées limitent la capacité des institutions à évoluer en relation avec le marché. Alan Peacock [1991] préconise en conséquence que l'on substitue au clientélisme une compétition accrue entre des institutions privées ou privatisées pour l'octroi de subventions. On a pu ainsi critiquer le système allemand d'aide à l'industrie cinématographique. Les films américains ne cessent de gagner des parts de marché (80 %) alors même que les aides (environ 600 millions de marks en 1994) sont substantielles mais allouées « à l'écriture de scénarios non tournés, à des films non distribués, ou montrés fugacement dans des salles vides » (*Le Monde*, 11 juin 1994), parce que distribuées à l'échelon régional en raison d'intérêts locaux, et en l'absence de critères esthétiques ou professionnels. Du système d'aides français, René Bonnell juge de même qu'il devient la « caisse d'assurance maladie de la production » [1989, p. 574].

Selon une enquête effectuée pour le CSA, l'inflation des devis de la production cinématographique est entretenue par l'intervention de l'État. Le compte de soutien permet en effet au producteur d'obtenir une aide automatique qui le conduit à majorer le coût de ses productions. Tenu de fournir un apport financier au moins équivalent à 15 % de son coût prévisionnel de l'œuvre, afin de bénéficier de l'aide publique, il surévalue son devis de sorte que sa participation soit en partie fictive [rapport Cluzel, 1988].

Il faut enfin ajouter à cela que les mécanismes d'octroi des aides conduisent à leur concentration géographique ; le cas français est

Libéralisme ou quotas ?
Le cas de l'audiovisuel

Depuis 1989, en application de la directive Télévisions sans frontières, la France impose aux chaînes de télévision des quotas de diffusion de 50 % d'œuvres audiovisuelles et cinématographiques européennes, dont 40 % d'œuvres d'expression originale française.

À l'occasion des négociations de l'Uruguay Round (1993-1994), l'adoption du principe d'une « exception culturelle », permet le maintien des quotas et des aides au cinéma, qui auraient dû sans cela être revues en application de l'obligation de traitement égal des nationaux et des non nationaux. Hostiles à la protection, les Américains arguent notamment de ce que leur part de marché les conduit, via la taxe prélevée sur le prix des billets d'entrée dans les cinémas, à financer le cinéma français.

La partie de bras de fer entre libre-échangistes et protectionnistes est relancée à trois reprises en 1998 et 1999. Un accord multilatéral sur l'investissement (AMI), négocié par 29 pays, préconise une égalité de traitement des investisseurs ; il est abandonné provisoirement sous la pression de divers lobbies. Puis le projet de création d'une zone de libre-échange entre l'Europe et les États-Unis, qui vise notamment la libéralisation des services, des marchés publics et de la propriété intellectuelle, est à son tour rejeté sous la pression de plusieurs pays d'Europe. Enfin les négociations de l'Organisation mondiale du commerce (OMC), à Seattle, fin 1999, échouent à reformuler la liste des domaines soumis à la plus large ouverture.

Malgré ces protections, la part du cinéma européen aux États-Unis est de 3 %, tandis que celle du cinéma américain en Europe varie entre 52 et 92 % selon les pays. Le déficit commercial de l'Europe vis-à-vis des États-Unis pour les programmes audiovisuels est de 6 milliards de dollars en 1998, en hausse de 42,6 % par rapport à 1993 et de 8,2 milliards en 2000 (Observatoire européen de l'audiovisuel). Les programmes américains, amortis sur leur marché national, vendus à bas prix en Europe, chassent peu à peu des écrans les productions nationales. Or la préférence du consommateur pour la diversité n'est pas nécessairement couverte par sa disposition à payer, ce qui implique des dispositions réglementaires ou des aides,

bien connu mais ne fait pas exception : Londres reçoit 80 % des aides à la musique et 40 % des aides britanniques au théâtre [Peacock, 1994].

L'assèchement de la création ?

En 1989, une exposition de photographies de Serrano et de Mapplethorpe, subventionnée par le National Endowment for the Arts, fait scandale ; elle montre notamment un crucifix immergé dans l'urine. Secoué par l'affaire, le NEA doit subir dans la foulée une campagne de dénigrement aux accents moralisateurs. En 1999, l'exposition « Sensation » du musée de Brooklyn soulève la même polémique. Pourtant, on ne peut accuser l'Amérique d'un excès de générosité publique envers ses institutions culturelles : le budget de l'institution se monte en 1994 à 167,4 millions de dollars, soit chaque fois que le marché n'est pas assez vaste pour amortir les coûts fixes de production : la production locale, certes désirée, n'est pas rentable [Lancaster, 1980]. Le quota permet au producteur local de s'assurer un débouché captif. Mais, selon René Bonnell [1996], le producteur s'arroge par là même une rente en opérant un accroissement infondé de ses prix. Malgré une application assez rigoureuse des quotas de diffusion, depuis le renforcement de la législation adopté en 1992, la part des œuvres cinématographiques françaises dans l'ensemble des films diffusés par les chaînes hertziennes françaises est à la baisse : elle passe de 57,9 % à 35 % entre 1988 et 2002, au profit des œuvres américaines. Les sociétés de programmation pratiquent de surcroît des rediffusions massives ; les droits prohibitifs sur les *blockbusters* (de l'ordre de 2,1 millions d'euros pour *Jurassic Park*, ou de 3,96 millions pour *Le Placard*) rendent la rediffusion indispensable à l'amortissement de la dépense. En 1995, 200 films sur 755 ont été diffusés pour la première fois en clair sur les chaînes hertziennes. À cela s'ajoute la propension à privilégier la diffusion de films coproduits : 60 % de la production cinématographique française des années 1983-1992 n'a toujours pas été diffusée à la télévision en clair en 1995, qui préfère programmer les productions de ses filiales (source : CNC/CSA). Un risque supplémentaire inhérent à la politique des quotas de diffusion est la spécialisation de la production nationale dans des biens à faible coût et de qualité inégale. C'est ce que soulignent certains économistes, en faisant implicitement l'hypothèse que la qualité est fonction des services incorporés dans les biens, et que ces services sont fonction des budgets investis.

On peut enfin arguer de ce que les évolutions technologiques rendent les dispositions protectionnistes en partie obsolètes. De plus, les États membres de l'Union appliquent inégalement les quotas, d'autant que la directive ne les préconise que « chaque fois que possible ». C'est pourquoi des obligations de production se substituent progressivement aux quotas de diffusion. En France, les chaines doivent désormais consacrer une part de leur chiffre d'affaires à la commande d'œuvres d'expression originale française ou européenne ou à l'acquisition de droits de diffusion d'œuvres cinématographiques originales.

68 cents par citoyen américain, et à 50 % de son niveau réel de 1981. Peu importe aux pourfendeurs de l'action de l'État : l'aide publique va à des créateurs immoraux et incapables. Peut-être auraient-ils dû se rappeler que c'est là un vieil argument qui valut bien des déconvenues aux meilleurs artistes de leur temps...

Selon Michel Schneider [1993], un État démocratique ne saurait être doté de clairvoyance en matière de choix artistiques. Partagé entre le goût parfois dictatorial des cercles mondains qui fabriquent la notoriété au jour le jour, les impératifs de l'audimat ou les choix d'une administration qui n'en a pas la compétence, l'État est condamné à l'erreur. L'auteur, ancien directeur de la Musique au ministère de la Culture, propose de supprimer le ministère au profit d'un système de défiscalisation pour l'investissement privé. Dominique Bozo, dans un rapport au ministre sur la commande publique [1988] rappelle à quel point l'art contemporain est un terrain difficile, un terrain d'expérimentation, face auquel l'État, fort de ses erreurs passées, a tendance à inverser ses comportements anciens pour acheter de manière désordonnée les avatars les plus fous de la création d'aujourd'hui. Faut-il évoquer le refus du Louvre d'accrocher l'*Olympia* de Manet, les réticences des conservateurs à accueillir le legs Caillebotte, les lacunes dans les achats publics (aucun musée français n'achètera de Matisse ou de Picasso avant la Seconde Guerre mondiale), que seuls les dons de collectionneurs éclairés parviendront à combler, pour montrer à quel point erreurs et absence de discernement jalonnent l'histoire des acquisitions publiques d'art contemporain (« L'art et l'État », *Le Monde*, mai 1993) ? Nombre de détracteurs des achats publics accusent l'émergence d'un conformisme artistique dont le format d'œuvres quasi exclusivement créées pour les musées ne serait que l'un des signes ; l'État serait ainsi à l'origine de la « crise de l'art contemporain » [*cf.* notamment Clair, 1997 ; Dagen, 1997 ; Michaud, 1997 ; Heinich, 1998]. L'État n'aiderait que les compositeurs et les œuvres dont « la notoriété est déjà établie » [Frey et Pommerehne, 1993, p. 47].

L'encouragement à la création est une tâche difficile, partagée entre la nécessité de choisir et le danger de la constitution d'un art officiel. Michel Schneider voit dans la gabegie et l'arbitraire bureaucratiques du ministère l'origine de la marchandisation de la création. D'autres comme lui ont pu regretter la confusion des genres qui ferait applaudir en un même enthousiasme benêt le rap et le classique, la littérature populaire et Proust, les spectacles de haut vol et les fêtes populaires, et qui, croyant célébrer la culture du peuple, encenserait les marchandises produites par des multinationales assoiffées de profit. Mais n'est-ce pas trop prêter à l'action des pouvoirs publics, et ceux-là mêmes qui fustigent ainsi le clinquant des politiques culturelles ne sont-ils pas sensibles aux seuls bruits qu'elles occasionnent, négligeant l'évaluation des effets positifs, si insuffisants soient-ils, de l'action publique ?

La surestimation des effets externes et l'évaluation introuvable

Les études d'impact font peu de cas des effets de substitution ou d'éviction : l'effet d'entraînement pour une région se fait au détriment des autres, et la dépense ici décidée est compensée par une économie ailleurs [Benhamou, 1999]. De plus, rien ne prouve qu'une utilisation alternative des deniers publics n'aurait pas produit des effets externes supérieurs [Peacock, 1994].

La tentation de rechercher dans les effets induits par l'investissement public la légitimation des politiques culturelles est permanente. L'argument des responsables culturels pour obtenir des financements publics devient économique ; un directeur de musée ne déclarait-il pas récemment : « Quand il n'y a plus d'agriculture ou d'industrie, il faut faire fructifier son patrimoine » (*Le Monde*, 2 février 1993) ?

Et pourtant, cela se révèle être un terrible piège contre les aides publiques elles-mêmes. On ne démontrera jamais que la dépense peut être à chaque fois plus que compensée, et, à agiter cet argument comme le parangon de la modernité culturelle, on condamne tout projet incapable de générer des contreparties de court terme à une mort certaine, d'autant que l'évaluation d'une intervention est un exercice complexe.

En 1976, Mark Blaug et K. King, dans un article qui suscita une polémique assez virulente, se demandaient… « si l'Arts Council savait ce qu'il faisait ». Ils prônaient en conséquence la mise en œuvre d'une analyse coût-efficacité afin de mieux évaluer l'effet des subventions (« Does the Arts Council know What it's Doing ? » *Encounter*, septembre, 6-16). Un rapport pour le Conseil de l'Europe [Chalendar et Brébisson, 1987] a en effet montré qu'aucun pays d'Europe ne connaît le coût indirect des avantages fiscaux accordés en faveur du mécénat. Les difficultés à appréhender de manière objective les dispositifs réglementaires destinés à protéger une profession sont bien connues des économistes. Deux écueils importants fragilisent l'évaluation des effets de la loi sur le prix unique du livre. La loi devait aider la profession à maintenir vivante la création littéraire et à favoriser l'achat de livres ; elle devait aussi contribuer au maintien des librairies de qualité. Sur le premier point, la mesure de la production de qualité pose la question traditionnelle du jugement esthétique qui échappe largement à l'économiste ; quant au nombre d'exemplaires produits, fréquemment utilisé comme critère de l'activité éditoriale dans les tentatives d'appréciation des effets de la loi, il a pour inconvénient de négliger la part importante des livres « pilonnés » (environ 6 % de la production, Écalle [1988]). L'évaluation requiert de plus une comparaison avec ce qui se serait passé en l'absence de loi, toutes choses égales par ailleurs. Des études ont néanmoins conclu à un effet positif pour la librairie, mais de court terme, et surtout pour les magasins les plus fournis [Archambault et *al.*, 1986].

Se pose la question des critères de l'évaluation : la politique culturelle est partagée entre subvention d'institutions dont la fréquentation est des plus élitistes (par exemple, les opéras) et subvention des institutions les plus fréquentées. Faut-il mesurer l'efficacité des actions publiques à l'aune de la fréquentation (et de l'Audimat…) ou bien de la qualité (subjective, contestable, datée) ?

L'inefficacité redistributive

Augustin Girard, qui dirigea longtemps le service des études et de la recherche du ministère de la Culture, remarquait en 1982 que l'écart dans les chances d'accès entre un cadre supérieur et un ouvrier était de 1 à 2 pour le livre, de 1 à 1,2 pour le spectacle de télévision et de 1 à 10 pour l'opéra, activité la plus subventionnée parmi les trois citées (*Le Monde*, 8 décembre 1982). La politique culturelle conduit, compte tenu du caractère très inégalement distribué des consommations culturelles, à un effet antiredistributif. Michael O'Hare [*in* Hendon, 1980] reproche aux gouvernements de subventionner des gens pour qu'ils écrivent des musiques dont la probabilité d'être écoutées est très faible ; pis encore, il considère que plus le volume des subventions augmente, plus cette probabilité s'amenuise. Une étude américaine tempère toutefois ce jugement en indiquant qu'il existe un effet redistributif, des familles les plus riches en faveur des familles aux revenus moyens, mais au niveau d'éducation élevé. Les moins aisés en revanche payent peu, mais ne bénéficient pratiquement pas de la vie culturelle [Feld et *al.*, 1983].

Nombre de chercheurs proposent en conséquence de revenir à un système ancien, le *voucher* ou chèque culture qui permet d'obtenir des réductions de prix ou des places gratuites auprès d'offreurs concurrents. Diverses expériences ont été menées, à Broadway, dans l'Ontario, etc. Le *voucher* subventionne le consommateur et non plus le producteur, et les préférences peuvent s'exprimer sur un marché de libre concurrence. Mais, à supposer levés les obstacles à ce type de politique, comme la revente des tickets au marché noir, la distribution de *vouchers* peut conduire à un excès de demande par rapport à l'offre et à la hausse des prix [Peacock, 1994]. Une expérience menée à Minneapolis dans les années soixante-dix dut être abandonnée car la fréquentation se concentra sur peu de spectacles, au détriment de la majeure partie des institutions culturelles. Et les obstacles à la fréquentation des activités culturelles ne sont pas seulement d'ordre financier. William Grampp [1989] relate une expérience tentée par l'Arts Council qui consista en la distribution de tickets de théâtre à prix réduits à destination des citoyens déshérités. Cinq mille tickets furent demandés dès le premier mois, à 95 % par des étudiants.

Gordon Tullock [1964] met en question l'argument de la redistribution intergénérationnelle : pourquoi privilégier la consommation des générations futures alors même que des pans entiers de la population en sont privés, surtout si l'on fait l'hypothèse de l'accroissement des richesses avec le temps ? Si l'on ajoute à cet argument celui de l'inégale propension à la consommation de culture selon les classes sociales, la dépense en faveur des consommations culturelles des générations futures revient à la prise en charge par les générations présentes de la consommation culturelle des catégories les plus riches de demain [Peacock, 1994].

La démocratie directe, une solution à l'inefficacité ?

La démocratie directe est un moyen efficace de révéler les vœux des citoyens et donc d'évaluer la demande privée en matière de politique culturelle. À Bâle en 1967, un référendum permit d'approuver l'achat par la ville de deux tableaux de Picasso, parmi toute une collection prêtée au musée, dont un propriétaire devait se défaire à la suite de déboires financiers [Frey et Pommerehne, 1993]. Mais la pratique du référendum, *a priori* fort démocratique, dénie l'idée que des fractions de la population, peu enclines aux consommations culturelles, risquent d'être systématiquement défavorables à cette affectation des deniers publics. Il est vrai que des évaluations de la disposition des citoyens à payer ont montré que, contrairement à toute idée préconçue, celle-ci est généralement conforme au niveau des dépenses publiques effectives [Morrison et West, 1986]. Cette interprétation est confirmée par diverses enquêtes [Throsby et Whiters, 1986], même dans les catégories sociales réfractaires *a priori* aux consommations culturelles.

Tel n'est pas l'avis de William Grampp [1989], farouche ennemi de l'intervention publique, qui considère que l'absence de protestation du citoyen américain devant la dépense culturelle publique résulte de la faiblesse de son montant (par habitant) qui n'incite guère à la révolte. Bref, c'est la dispersion des payeurs face au regroupement des bénéficiaires qui explique la tolérance... L'argument peut sembler étrange qui pour condamner l'excès de dépense en faveur des arts en appelle à... la faiblesse de ladite dépense. Combien de citoyens français trouveraient à redire de la somme qu'ils allouent chacun, par le truchement des collectivités locales, à la vie artistique : 28 francs seulement pour les régions, 91 francs pour les départements, et 884 pour les villes de plus de 10 000 habitants (hors Paris) en 1996 ? N'est-ce pas plutôt les choix opérés que les sommes en jeu qui peuvent se prêter à d'éventuelles discussions ?

Et n'est-ce pas trop prêter à un économisme triomphant que de tenter à tout prix de justifier la dépense par les ressources tangibles qu'elle génère en retour ? Si l'on prend quelque distance avec l'idéologie libérale et ses contre-feux quasi religieux sur l'efficacité économique de l'investissement artistique, ne faut-il pas rejoindre Pierre Bourdieu et « tenir compte du fait que l'absence de culture s'accompagne le plus souvent de "l'absence du sentiment de cette absence" » [Heinich, *in* Moulin éd., 1986] ? Les dangers d'un retrait de la puissance publique sans autre fin que de laisser place nette au marché n'en apparaissent que plus cruellement : on ouvre la voie de l'indifférence à la vie culturelle et du repli sur soi. Que les critiques de la toute-puissance d'un État tenté de régenter la création et de générer des rentes et des clientèles soient fondées, nul n'en doute. On aura démontré qu'il n'empêche que la vie culturelle laissée à l'impératif de rentabilité s'appauvrit, et que le mécénat constitue plus sûrement un transfert ponctuel de charge qu'un moyen de transformer les conditions du financement de la production culturelle.

Bref, les sommes que la vie culturelle apporte en retour à la collectivité ne couvrent pas toujours les frais occasionnés. Sans doute l'intérêt de ces dépenses doit-il être mesuré à une autre aune que la seule dimension économique, du moins en son sens le plus restreint. Il serait regrettable qu'à l'heure où la science économique apprend à prendre en compte la dimension qualitative de ce qu'elle mesure, l'économiste s'entête à ne compter que les retombées marchandes des investissements culturels. Faut-il se plaindre du coût de la vie culturelle, somme toute relativement modeste, ou ne faut-il pas y voir le signe qu'une nation est adulte et prospère ?

Conclusion

Marc Fumaroli [1991] attribue à André Malraux la paternité de cette « religion moderne » de la politique culturelle. De cet investissement symbolique dans les enjeux culturels on aura pris la mesure au moment des débats sur l'avenir des directives qui protègent nos industries audiovisuelles : Roger Planchon s'écriera dans les colonnes du *Monde* (29 juillet 1993) : « Pour nos nations, pour notre Europe, le cinéma n'est pas seulement une industrie nationale, mais un enjeu spirituel et, avec les autres formes artistiques, son enjeu le plus haut. » Cette religion fait aujourd'hui alliance avec celle de l'économie. Et de cette alliance, certes contre nature, peut naître le pire ou le meilleur, suivant que l'on utilise l'économie pour les messages qu'elle peut transmettre, et pour ceux-là seulement, ou bien que l'on se met à exiger de la culture qu'elle produise des « retombées positives » pour qu'elle mérite d'être financée.

La recherche n'est pas exempte de ce risque : à vouloir à tout crin défendre une spécificité, elle risque d'enfermer l'économie de la culture dans un ghetto. Loin de cela, nous avons progressivement découvert un domaine hétérogène, où les éléments d'unité (modes de formation de la demande, importance de l'intervention publique, montée des emplois intermittents) côtoient des sources d'hétérogénéité (types d'organisations, rôle des prix). Construite à la manière d'un puzzle, l'économie de la culture emprunte méthodes et grilles de lecture à divers domaines de l'économie politique : économie industrielle, économie internationale, micro-économie de la demande, économie publique, etc. En ce sens, elle est un lieu de confrontation d'outils théoriques à des recherches empiriques. Elle est aussi un champ de débat sur le bien-fondé des interventions publiques [Blaug, 2001], certains économistes préconisant le laisser-faire au nom des effets pervers des subventions et des réglementations [Cowen, 1998]. L'économie de la culture n'est pas tant une sous-discipline nouvelle que l'un des domaines féconds de la réflexion sur les frontières de la science économique et sur la légitimité de leur dépassement. La publication de deux gros ouvrages rassemblant les principaux articles parus sur l'économie de la culture dans le monde anglo-saxon [Towse, 1997] en témoigne largement. La culture foisonne de situations dans lesquelles la rationalité des comportements s'accommode de la passion, où le constat de déviances par rapport au marché suscite paradoxalement des polémiques sur le bien-fondé d'un retour vers ce dernier, et où l'appel aux concepts traditionnels de l'économie se conjugue avec une ouverture vers les autres sciences sociales. Si l'enfermement dans une logique de la spécificité de la culture conduit à en faire un champ hors du temps, l'intégration de l'économie culturelle à la réflexion plus générale sur la rationalité, sur le fonctionnement des institutions non marchandes, sur les incidences économiques des règles de droit, sur les conventions qui président aux relations de confiance que les agents sont amenés à tisser les uns avec les autres nous semble constituer la voie de l'avenir de l'économie de la culture.

Repères bibliographiques

ABIRACHED R., *Le Théâtre et le Prince ; 1981-1991*, Plon, Paris, 1992.

ADLER M., « Stardom and Talent », *American Economic Review*, 75 (1), 1985, p. 208-212.

AKERLOF G., « The Market for Lemons : Quality, Uncertainity and the Market Mechanism », *The Quarterly Journal of Economics*, 84(4), 1970, p. 488-500.

ALEXANDER J., « New Technology and Market Structure : Evidence from Music Recording Industry », *Journal of Cultural Economics*, 18, 1994, p. 113-123.

ANDERSON R., « Painting as an Investment », *Economic Inquiry*, 12, 1974, p. 13-26.

ANGELO M. D', *La Renaissance du disque*, La Documentation française, « Notes et études documentaires », 4890, Paris, 1989.

ARCHAMBAULT E., BENHAMOU F., KESPI M. et LALLEMENT J., *Les Incidences économiques de la loi sur le prix unique du livre en France*, La Documentation française, Paris, 1986.

ASHENFELTER O. et GRADDY K., « Auctions and the Price of Art », *Journal of Economic Literature*, 41 (3), septembre 2003.

BADY J. -P., *Les Monuments historiques en France*, PUF, Paris, 1985.

BARRE (DE LA) M., DOCCLO S. et GINSBURGH V., « Returns of Impressionist, Modern and Contemporary European Paintings. 1962-1991 », *Annales d'Économie et de Statistiques*, 35, 1994.

BAUMOL W.J., « Unnatural Value : Art Investment as a Floating grap Game », *American Economic Review*, 76, mai 1986, p. 10-14.

BAUMOL W.J. et BOWEN W.G., *Performing Arts. The Economic Dilemma*, MIT Press, Cambridge, Mass., 1966.

BAYART D. et BENGHOZI J.-P., *Le Tournant commercial des musées en France et à l'étranger*, La Documentation française, Paris, 1993.

BECKER G.S. et STIGLER G.J., « De gustibus non est disputandum », *American Economic Review*, 67 (2), mars 1977, p. 76-90.

BECKER H., *Les Mondes de l'art*, Flammarion, Paris, 1988 (trad.).

BENEDICT S. (éd.), *Public Money and the Muse. Essays on Government Funding for the Arts*, Norton and Co, New York, 1991.

BENGHOZI P.-J., *Le Cinéma entre l'art et l'argent*, L'Harmattan, Paris, 1989.

BENHAMOU F., « Is increased Public Spending for the Preservation of Historic Monuments Inevitable ? the French Case », *Journal of Cultural Economics* (1), 1996, p. 1-18.

BENHAMOU F., « Fondements et limites de la notion de mission de service public en matière culturelle », *Sciences de la Société*, n° 42, 1997, p. 59-74.

BENHAMOU F., « L'économie du monument », *in* R. DEBRAY (éd.) *L'Abus monumental*, Fayard, Paris, 1999.

BENHAMOU F., « The Opposition of Two Models of Labour Market Adjustment. The Case of the Audiovisual and the Performing Arts in France and in the United Kingdom », *Journal of Cultural Economics*, 2000.

BENHAMOU F., « Tarification efficace et efficacité du prix », *Revue de la concurrence et de la consommation*, 124, novembre-décembre 2001, p. 31-35.

BENHAMOU F., *L'Économie du Star System*, Odile Jacob, Paris, 2002.

BENHAMOU F., « Exception culturelle. Exploration d'une impasse », *Esprit*, mai 2004, p. 85-113.

BENHAMOU F., « Who Owns the Cultural Goods ? The Case of the Built Heritage », *in* [Ginsburgh, 2004].

BENHAMOU F., FARCHY J. et SAGOT-DUVAUROUX D., *Approches comparatives en économie de la culture*, Actes du colloque de Paris, mai 1995.

BENHAMOU F., MOUREAU N. et SAGOT-DUVAUROUX D., « Opening The "*Black Box*" of the "*White Cube*". A Survey of French Contemporary Art Galleries at the Turn of the Millenium », *Poetics*, 2002.

BENJAMIN W., « L'œuvre d'art à l'ère de sa reproductibilité technique », *in Essais*, 2, 1935, p. 40, trad. Denoël, Paris, 1971.

BLAUG M. (éd.), *The Economics of the Arts*, Martin Robertson, Londres, 1976.

BLAUG M., « Where Are We Now on Cultural Economics ? » *Journal of Economic Surveys*, 15 (2) : 123-143, avril 2001.

BOIN J.G. et BOUVAIST J.-M., *Du printemps des éditeurs à l'âge de raison. Les nouveaux éditeurs en France (1974-1988)*, La Documentation française, Paris, 1989.

BONNELL R., *La Vingt-cinquième Image. Une économie de l'audiovisuel*, Gallimard (FEMIS), Paris, 1989 et 1996.

BOURDIEU P., « La production de la croyance : contribution à une économie des biens symboliques », *Actes de la recherche en sciences sociales*, 13 février 1977, p. 3-43.

BOURDIEU P., *La Distinction. Critique sociale du jugement*, Éd. de Minuit, Paris, 1979.

BOURDIEU P. et DARBEL P., *L'Amour de l'art. Les musées d'art européen et leur public*, Éd. de Minuit, Paris, 1969.

BRÉBISSON G. DE et CHALENDAR J. DE, *Mécénat en Europe*, La Documentation française, Paris, 1987.

BUELENS N. et GINSBURGH V., « Revisiting Baumol's Art as Floating Crap Game », *European Economic Review*, 37, 1993, p. 1351-1371.

CAVES R.E., *Creative Industries. Contracts Between Art and Commerce*, Harvard University Press, Cambridge, 2000.

CHANEL O., DOCCLO S., GÉRARD-VARET L.A. et GINSBURGH V., « Le prix des peintures modernes et contemporaines et la rentabilité des placements sur le marché de l'art de 1957 à 1988 », *Risques*, janvier-mars 1991, p. 133-167.

CHRISTOPHERSON S. et STORPER M., « The Effects of Flexible Specialization on Industrial Politics and the Labour Market », *Industrial and Labor Relations Review*, 42 (3), 1989, p. 331-347.

CHUNG K. H. et COX R.A.K., « A Stochastic Model of Superstardom : an Application of the Yule Distribution » *Review of Economics and Statistics*, 4 (13), 76, 1994, p. 771-775.

CLAIR J., *La Responsabilité de l'artiste*, Gallimard, Paris, 1997.

COLLI, « Du financement de la culture en Grande-Bretagne », *Le Débat*, 70, mai 1992, p. 4-15.

CORNU M. et MALLET-POUJOL N., *Droit, œuvres d'art et musées. Protection et valorisation des collections*, CNRS éditions, Paris, 2001.

COWEN T., *In Praise of Commercial Culture*, Harvard University Press, Cambridge, MA, 1998.

CRETON L., *Cinéma et marché*, Armand Colin, Paris, 1997.

DAGEN P., *La Haine de l'art*, Grasset, Paris, 1997.

DE VANY A. et WALLS D.W., « Uncertainty in the Movie Industry : Does Star Power Reduce the Terror of the Box Office ? », *Journal of Cultural*

Economics, 34 (4), novembre 1999, p. 285-318.

DiMaggio P.J., *Nonprofit Entreprise in the Arts*, Boston, 1986.

DiMaggio P., Usseem M. et Brown P., *Audience Studies of Performing Arts and Museum*, NEA,Washington DC, 1978.

Donnat O., *Les Pratiques culturelles des Français, enquête 1997*, La Documentation française, Paris, 1998.

Dupin X. et Rouet F., *Le Soutien public aux industries culturelles*, La Documentation française, Paris, 1991.

Dupuis X., « La surqualité, le spectacle vivant malade de la bureaucratie ? », *Revue économique*, 34 (6), novembre 1983, p. 1089-1115.

Dupuis X. (éd.), *De l'ère de la subvention au nouveau libéralisme*, Actes de la 4e Conférence sur l'économie de la culture, vol. 4, La Documentation française, Paris, 1990.

Dupuis X. et Rouet F. (éd.), *Les Outils de l'économiste à l'épreuve*, Actes de la 4e Conférence sur l'économie de la culture, vol. 1, La Documentation française, Paris, 1989.

Écalle F., « Une évaluation de la loi du 10 août 1981 relative au prix du livre », *Économie et Prévision*, 86 (5), 1988.

Farchy J., *La Fin de l'exception culturelle ?*, Éd. du CNRS, Paris, 1999.

Farchy J. et Sagot-Duvauroux D., *Économie des politiques culturelles*, PUF, Paris, 1994.

Feld A.L., O'Hare M. et Schuster J.M., *Patrons Despite themselves. Tax Payers and Art Policies*, New York University Press, New York, 1983.

Feldstein M., *The Economics of Art Museums*, The University of Chicago Press, Chicago, 1991.

Filer R.K., « The "Starving" Artist. Myth or Reality ? Earnings of Artists in the United States », *Journal of Political Economy*, 96, 1986, p. 56-75.

Finkielkraut A., *La Défaite de la pensée*, Gallimard, Paris, 1987.

Flichy P., *Les Industries de l'imaginaire. Pour une analyse des médias*, Presses universitaires de Grenoble/INA, Grenoble, 1980.

Freeman C., *The Economics of Industrial Innovation*, Frances Pinter, London, 1982.

Frey B., *Arts & Economics. Analysis and Cultural Policy*, Springer, 2000.

Frey B. et Eichenberger R., « On the Rate of Return in the Art Market : Survey and Evaluation », *European Economic Review*, 39, 1995, p. 528-537.

Frey B.S. et Pommerehne W.W., *Muses and Markets : Explorations in the Economics of the Arts*, Basic Blackwell, Oxford, 1989 ; trad., *La culture a-t-elle un prix ? Essai sur l'économie de l'art*, Plon, Paris, 1993.

Fumaroli M., *L'État culturel. Essai sur une religion moderne*, Fallois, Paris, 1991.

Gapinski J.H., « The Lively Arts as Substitutes for the Lively Arts », *American Economic Review*, 76 (2), mai 1986, p. 20-25.

Gille L., Lévy C., Minon M., Pierre J. et Quemin A., *Commerce électronique et produits culturels*, La Documentation française, Paris, 2000.

Ginsburgh V. (éd.), *Economics of Art and Culture*, Elsevier, Amsterdam, 2004.

Ginsburgh V. et Menger P.M. (ed.), *Economics of the Arts*, Elsevier, Amsterdam, 1996.

Ginsburgh V.A. et Van Ours J.C., « Expert Opinion and Compensation : Evidence from a Musical Competition », *American Economic Review*, 93, 2003, p. 289-298.

Girard A. et Dupuis X., *L'Économie du spectacle vivant et de l'audiovisuel*, La Documentation française, Paris, 1985.

Girard A. (éd.), *Culture en devenir et volonté publique*, Actes de la 4e Conf. sur l'économie de la culture, vol. 2, La Documentation française, Paris, 1988.

Grampp W.D., *Pricing the Priceless. Art, Artists and Economics*, Basic Books, Inc., Publishers, New York, 1989.

Greffe X., *La Valeur économique du patrimoine*, Anthropos, Paris, 1990.

Greffe X., *Arts et artistes au miroir de l'économie*, Economica, Paris, 2002.

GREFFE X., *La Valorisation économique du patrimoine*, La Documentation française, Paris, 2003.

GREFFE X., PFLIEGER S. et ROUET F., *Socio-économie de la culture. Livre, musique*, Anthropos, Paris, 1990.

GUILLOU B. et MARUANI L., *Les Stratégies des grands groupes d'édition. Analyse et perspectives*, Cahiers de l'économie du livre, hors série, 1991.

HANSMANN H., « Nonprofit Enterprise in the Performing Arts », *Bell Journal of Economics*, 12 (2), 1981, p. 341-361.

HEILBRUN J. et GRAY C.M., *The Economics of Art and Culture. An American Perspective*, Cambridge University Press, Cambridge, Mass., 2001.

HENDON W.S., SHANAHAN J.L. et MACDONALD A.J. (eds.), *Economic Policy for the Arts*, Art Books, Cambridge Mass., 1980.

HEINICH N., *L'Art contemporain exposé aux rejets*, Chambon, Paris, 1998.

JACKSON R., « A Museum Cost Function », *Journal of Cultural Economics*, 1988, p. 41-50

KATZ M.L. et SHAPIRO C., « Technology Adoption in the Presence of Network Externalities » *Journal of Political Economy*, vol. 94 (4), 1986, p. 822-841.

KREBS S. et POMMEREHNE W., « Politic Economic Interactions of German Public Performing Arts », *Journal of Cultural Economics*, 19 (1), 1995, p. 17-32

LACOMBE R., *Les Politiques culturelles en Europe*, La Documentation française, Paris, 2004.

LANCASTER K., « A New Approach of Consumer Theory », *Journal of Political Economy*, 74 (2), avril 1966.

LANCASTER K., « Intra-Industry Trade Under Perfect Monopolistic Competition », *Journal of International Economics*, 10, 1980

LANDES W.M., « Winning the Art Lottery : The Economic Returns to the Ganz Collection », *Recherches Économiques de Louvain*, 2000, p 111-130.

LANDES W.M. et POSNER R.A. « An Economic Analysis of Copyright Law », *Journal of Lagal Studies* (18), 1989.

LANGE M., BULLARD J., LUKSETICH W. et JACOBS P., « Cost Functions for Symphony Orchestras », *Journal of Cultural Economics*, 9 décembre 1985, p. 71-85.

LATARJET B. (*et al.*), *Pour un débat sur l'avenir du spectacle vivant*, Rapport au ministre de la Culture, Paris, 2004.

LENIAUD J.-M., *L'Utopie française. Essai sur le patrimoine*, Mengès, Paris, 1992.

LE PEN C., « L'analyse microéconomique de la production dramatique et l'effet des subventions publiques », *Revue économique*, 33 (4), 1982, p. 639-674.

LEROY D., *Économie des arts du spectacle vivant : essai sur la relation entre l'économique et l'esthétique*, Économica, Paris, 1980.

LÉVY-GARBOUA L. et MONTMARQUETTE C., « Une étude économétrique de la demande de théâtre sur données individuelles », CREDOC, Paris, 1994.

LINDER S., *The Harried Leisure Class*, Columbia Univers Press, New York, 1970.

MACDONALD G., « The Economics of Rising Stars », *American Economic Review*, 78 (1), 1988, p. 155-166.

MENGER P.-M., *Le Paradoxe du musicien. Le compositeur, le mélomane et l'État dans la société contemporaine*, Flammarion, Paris, 1983.

MENGER P.-M., « Rationalité et incertitude de la vie d'artiste », *L'Année sociologique*, 39, 1989, p. 111-151.

MENGER P.-M., « Marché du travail artistique et socialisation du risque : le cas des métiers du spectacle », *Revue française de sociologie*, janvier-mars 1991.

MENGER P.-M., *Portrait de l'artiste en travailleur*, La République des Idées/ Seuil, Paris, 2002.

MERCILLON H., « Les musées : institutions à but non lucratif dans l'économie marchande », *Revue d'économie politique*, 4, 1977, p. 630-641.

MERTON R.K., *The Sociology of Science*, Free Press, New York, 1957.

Messerlin P.A., *Analyse microéconomique de la loi Lang*, FNSP, Paris, 1985.

Michaud Y., *La Crise de l'art contemporain*, PUF, Paris, 1997.

Mintzberg H., *The Structuring of Organisations*, Englewood Cliffs, Prentice Hall, 1979.

Montias M., « Are Museums Betraying Public's Trust ? », *Museum News*, 51, 1973, p. 25-31.

Morrison W. et West E., « Subsidies for the Performing Arts : Evidence on Voter Preference », *Journal of Behavioral Economics*, 15, 1986, p. 307-327.

Mossetto G., « Why Have Economists Been Concerned with the Arts ? », *Ricerche economiche*, 16 (1-2), 1992.

Moulin R. (éd.), *Sociologie de l'art*, La Documentation française, Paris, 1985.

Moulin R., *L'Artiste, l'institution et le marché*, Flammarion, Paris, 1992.

Moulin R., *Le Marché de l'art. Mondialisation et nouvelles technologies*, Flammarion (Dominos), Paris, 2000.

Moureau N., *Analyse économique de la valeur des biens d'art*, Economica, Paris, 2000.

Myerscough J., *The Economic Importance of the Arts in Britain*, Policy Studies Institute, Londres, 1988.

Netzer D., *The Subsidized Muse*, Cambridge University Press, New York, 1978.

Netzer D., « Principles and Policies for Optimizing Use of Venice by Rationing Access », *Ricerche economiche*, 16 (1-2), 1992, p. 141-154.

O'Brien J. et Feist A., *Employment in the Arts and Cultural industries : an Analysis of the 1991 Census*, The Arts Council of England, 1995.

O'Hagan J.W., « National Museums : To Charge or not to Charge », *Journal of Cultural Economics*, 19 (1), 1995, p. 33-47.

O'Hagan J., *The State and the Arts. An Analysis of Key Economic Policy. Issues in Europe and the United States*, Edward Elgar, Cheltenham, 1998.

Oberholzer F. et Strumpf K., « The Effect of File Sharing on Record sales. An Empirical Analysis », Harvard Business School, Working paper, 2004.

Ory P., *L'Aventure culturelle française : 1945-1989*, Flammarion, Paris, 1989.

Paris T., *Le Droit d'auteur : l'idéologie et le système*, PUF, Paris, 2002.

Peacock A., « Economics, Cultural Values and Cultural Policies », *Journal of Cultural Economics*, 15 (2), 1991.

Peacock A., « Wefare Economics and Subsidies to the Arts », *Journal of Cultural Economics*, 18 (2), 1994.

Peacock A. (ed.), *Does the Past Have a Future ? The Political Economy of Heritage*, The Institute of Economic Affairs, London, 1998.

Peacock A., Shoesmith E. et Millner G., *Inflation and the Performing Arts*, Londres Arts Council of Great Britain, 1983.

Peacock A. et Rizzo I. (eds), *Cultural Economics and Cultural Policies*, Kluwer Academic Publishers, Dordrecht, 1994.

Pflieger S., *Les Retombées économiques du festival d'Avignon*, BIPE, 1986.

Ravid A.S., « Information, Blockbusters and Stars. A Study of the Motion Picture Industry », *Journal of Business*, Octobre 1999, 72 (4), p. 463-492.

Reitlinger G., *The Economics of Taste*, Barnie and Rockliff, Londres, 1961.

Reynaud-Cressent B., « La dynamique d'un oligopole avec frange : le cas de la branche d'édition de livres en France », *Revue d'économie industrielle*, 22, 1982.

Rigaud J., *L'Exception culturelle. Culture et pouvoirs sous la Ve République*, Grasset, Paris, 1995.

Rizzo I. et Towse R. (éd.), *The Economics of Heritage. A Study in the Political Economy of Culture in Sicily*, Edward Elgar, Cheltenham, 2002.

Rosen S., « The Economics of Superstars », *American Economic Review*, 75, 1981, p. 845-858.

Rosen S. et Rosenfield A.M., « Ticket Pricing », *Journal of Law and Economics*, 40 (2), oct. 1997, p. 351-376.

ROUET F. (éd.), *Industries culturelles*, Actes de la 4e Conférence sur l'économie de la culture, vol. 3, La Documentation française, Paris, 1990.

ROUET F., *Le Livre. Mutations d'une industrie culturelle*, La Documentation française, Paris, 2000.

ROUET F., *Les Tarifs de la culture*, La Documentation française, Paris, 2002.

ROUGET B., PFLIEGER S. et SAGOT-DUVAUROUX D., *Le Marché de l'art contemporain en France. Prix et stratégies*, La Documentation française, Paris, 1991.

SAINT-PULGENT (DE) M., *Le Gouvernement de la culture*, Paris, Gallimard, 1999.

SAMUELSON P.A., « The Pure Theory of Public Expenditures », *Review of Economic Studies*, 36, 1954, p. 396-399.

SCHNEIDER, POMMEREHNE et FRIEDREICH (1983) « Analyzing the Market of Works of Contemporary Fine Art : an Exploratory Study », *Journal of Cultural Economics*, 7, 1er décembre 1983, p. 41-68.

SCHNEIDER M., *La Comédie de la culture*, Le Seuil, Paris, 1993.

SCITOVSKY T., « What's Wrong with the Arts is What's Wrong with the Society », *American Economic Review*, 62, mai 1972, p. 62-69.

SHAPIRO C., VARIAN H.R., *Économie de l'information*, De Boeck, Bruxelles, 1999.

SINGER L., « Suply Decisions of Professional Artists », *American Economic Review*, 1981, p. 341-346.

STEIN J., « The Monetary Appreciation of Paintings », *Journal of Political Economy*, 85, octobre 1977, p. 1021-1035.

STIGLER G., *The Organization of Industry*, Ill. : Richard D. Irwing, Homewood, 1968.

STROWEL A. *Droit d'auteur et copyright. Divergences et convergences*, LGDJ, Paris, 1993.

TAKEYAMA L.N., « The Intertemporal Consequences of Unauthorized Reproduction of Intellectual Property », *Journal of Law and Economics*, 15 (2), 1997, p. 511-522.

THROSBY C.D., « Perception of Quality in Demand for the Theatre », *Journal of Cultural Economics*, 14 (1), 1990, p. 65-82

THROSBY C.D., « The Production and Consumption of the Arts : A View of Cultural Economics », *Journal of Economic Literature*, 32, mars 1994, p. 1-29.

THROSBY T., *Economics and Culture*, Cambridge University Press, Cambridge, 2001.

THROSBY C.D. et WITHERS G.A., *The Economics of the Performing Arts*, Edward Arnold publish., Londres, 1979.

THROSBY C.D. et WITHERS G.A., « Strategic Bias and Demand for Public Goods : Theory and Application to the Arts », *Journal of Public Economics*, 31, 1986, p. 307-327.

TOBELEM J.-M., *Musées et culture. Le financement à l'américaine*, MNES, 1990.

TOWSE R. (ed.), *Baumol's Cost Disease. The Arts and Other Victims*, Edward Elgar, Cheltenham, 1997.

TOWSE R. (ed.), *Cultural Economics : The Arts, The Heritage and The Media Industries*, Edward Elgar, Cheltenham, 1997.

TOWSE R., *Creativity, Incentive and Reward. An Economic Analysis of Copyright and Culture in the Information Age*, Edwar Elgar, Cheltenham, 2001.

TOWSE R. et KHAKEE A., *Cultural Economics*, Springer Verlag, Berlin, 1992.

TULLOCK G., « The Social Rate of Discount and the Optimal rate of Investment », *Quarterly Journal of Economics*, mai 1964.

VOGEL H.L., *Entertainment Industry Economics*, Cambridge University Press, 5e édition, 2001.

WEBER N. et RENZ L., *Arts Funding. A Report of Foundation and Corporate Grantmaking Trends*, The Foundation Center, États-Unis, 1993.

ZOLBERG V., « Le musée d'art américain : des optiques contradictoires », *Sociologie du travail*, 4, 1983, p. 446-458.

Table des matières

Collection

REPÈRES

dirigée par

Jean-Paul Piriou (de 1987 à 2004), *puis par* Pascal Combemale,

avec Stéphane Beaud, André Cartapanis, Bernard Colasse, Françoise Dreyfus, Yannick L'Horty, Philippe Lorino, Dominique Merllié, Christophe Prochasson, Michel Rainelli et Yves Winkin.

ÉCONOMIE

Allocation universelle (L'), n° 412, Philippe Van Parijs et Yannick Vanderboght.

Balance des paiements (La), n° 359, Marc Raffinot et Baptiste Venet.

Bourse (La), n° 317, Daniel Goyeau et Amine Tarazi.

Budget de l'État (Le), n° 33, Maurice Baslé.

Calcul économique (Le), n° 89, Bernard Walliser.

Capitalisme financier (Le), n° 356, Laurent Batsch.

Capitalisme historique (Le), n° 29, Immanuel Wallerstein.

Chômage (Le), n° 22, Jacques Freyssinet.

Commerce international (Le), n° 65, Michel Rainelli.

Comptabilité nationale (La), n° 57, Jean-Paul Piriou.

Concurrence imparfaite (La), n° 146, Jean Gabszewicz.

Consommation des Français (La) :
1. n° 279 ;
2. n° 280, Nicolas Herpin et Daniel Verger.

Coût du travail et emploi, n° 241, Jérôme Gautié.

Croissance et richesse des nations, n° 419, Pascal Petit.

Démographie (La), n° 105, Jacques Vallin.

Développement soutenable (Le), n° 425, Franck-Dominique Vivien.

Développement économique de l'Asie orientale (Le), n° 172, Éric Bouteiller et Michel Fouquin.

Dilemne du prisonnier (Le), n° 451, Nicolas Eber.

Économie des changements climatiques, n° 414, Sylvie Faucheux et Haitham Joumni.

Économie bancaire, n° 268, Laurence Scialom.

Économie britannique depuis 1945 (L'), n° 111, Véronique Riches.

Économie chinoise (L'), n° 378, Françoise Lemoine.

Économie de l'Afrique (L'), n° 117, Philippe Hugon.

Économie de l'éducation, n° 409, Marc Gurgand.

Économie de l'environnement, n° 252, Pierre Bontems et Gilles Rotillon.

Économie de l'euro, n° 336, Agnès Benassy-Quéré et Benoît Cœuré.

Économie française 2006 (L'), n° 427, OFCE.

Économie de l'innovation, n° 259, Dominique Guellec.

Économie de la connaissance (L'), n° 302, Dominique Foray.

Économie de la culture (L'), n° 192, Françoise Benhamou.

Économie de la distribution, n° 372, Marie-Laure Allain et Claire Chambolle.

Économie de la drogue, n° 213, Pierre Kopp.

Économie de la firme, n° 361, Bernard Baudry.

Économie de la propriété intellectuelle, n° 375, François Lévêque et Yann Ménière.

Économie de la qualité, n° 390, Bénédicte Coestier et Stéphan Marette.

Économie de la réglementation (L'), n° 238, François Lévêque.

Économie de la RFA (L'), n° 77, Magali Demotes-Mainard.

Économie de la Russie (L'), n° 436, François Benaroya.

Économie de l'Inde (L'), n° 443, Jean-Joseph Boillot.

Économie des États-Unis (L'), n° 341, Hélène Baudchon et Monique Fouet.

Économie des fusions et acquisitions, n° 362, Nathalie Coutinet et Dominique Sagot-Duvauroux.

Économie des inégalités (L'), n° 216, Thomas Piketty.

Économie des logiciels, n° 381, François Horn.

Économie des organisations (L'), n° 86, Claude Menard.

Économie des relations interentreprises (L'), n° 165, Bernard Baudry.

Économie des réseaux, n° 293, Nicolas Curien.

Économie des ressources humaines, n° 271, François Stankiewicz.

Économie des ressources naturelles, n° 406, Gilles Rotillon.

Économie du droit, n° 261, Thierry Kirat.

Économie du Japon (L'), n° 235, Évelyne Dourille-Feer.

Économie du risque pays, n° 421, Nicolas Meunier et Tania Sollogoub.

Économie du sport (L'), n° 309, Jean-François Bourg et Jean-Jacques Gouguet.

Économie et écologie, n° 158, Franck-Dominique Vivien.

Économie expérimentale (L'), n° 423, Nicolas Eber et Marc Willinger.

Économie informelle dans le tiers monde, n° 155, Bruno Lautier.

Économie marxiste du capitalisme, n° 349, Gérard Duménil et Dominique Lévy.

Économie mondiale 2006 (L'), n° 426, CEPII.

Économie politique de l'entreprise, n° 392, François Eymard-Duvernay.

Économie postkeynésienne, n° 384, Marc Lavoie.

Emploi en France (L'), n° 68, Dominique Gambier et Michel Vernières.

SOCIOLOGIE

GESTION

Analyse financière de l'entreprise (L'), n° 153, Bernard Colasse.

Audit (L'), n° 383, Stéphanie Thiéry-Dubuisson.

Calcul des coûts dans les organisations (Le), n° 181, Pierre Mévellec.

Capital-risque (Le), n° 445, Emmanuelle Dubocage et Dorothée Rivaud-Danset.

Comptabilité anglo-saxonne (La), n° 201, Peter Walton.

Comptabilité en perspective (La), n° 119, Michel Capron.

Contrôle budgétaire (Le), n° 340, Nicolas Berland.

Contrôle de gestion (Le), n° 227, Alain Burlaud et Claude J. Simon.

Éthique dans les entreprises (L'), n° 263, Samuel Mercier.

Gestion des ressources humaines (La), n° 415, Anne Dietrich et Frédérique Pigeyre.

Gestion prévisionnelle des ressources humaines (La), n° 446, Patrick Gilbert.

Gouvernance de l'entreprise (La), n° 358, Roland Perez.

Introduction à la comptabilité d'entreprise, n° 191, Michel Capron et Michèle Lacombe-Saboly.

Management de la qualité (Le), n° 315, Michel Weill.

Management de projet (Le), n° 377, Gilles Garel.

Management international (Le), n° 237, Isabelle Huault.

Normes comptables internationales (Les), n° 457, Chrystelle Richard.

Outils de la décision stratégique (Les) :
1 : Avant 1980, n° 162,
2 : Depuis 1980, n° 163,
José Allouche et Géraldine Schmidt.

Méthodologie de l'investissement dans l'entreprise, n° 123, Daniel Fixari.

Modèle japonais de gestion (Le), n° 121, Annick Bourguignon.

Politique financière de l'entreprise (La), n° 183, Christian Pierrat.

Sociologie du conseil en management, n° 368, Michel Villette.

Stratégies des ressources humaines (Les), n° 137, Bernard Gazier.

Théorie de la décision (La), n° 120, Robert Kast.

Toyotisme (Le), n° 254, Koïchi Shimizu.

CULTURE-COMMUNICATION

Argumentation dans la communication (L'), n° 204, Philippe Breton.

Bibliothèques (Les), n° 247, Anne-Marie Bertrand.

Culture de masse en France (La) :
1. 1860-1930, n° 323, Dominique Kalifa.

Diversité culturelle et mondialisation, n° 411, Armand Mattelart.

Économie de la presse, n° 283, Patrick Lefloch et Nathalie Sonnac.

Histoire sociale du cinéma français, n° 305, Yann Darré.

Histoire de la société de l'information, n° 312, Armand Mattelart.

Histoire des théories de l'argumentation, n° 292, Philippe Breton et Gilles Gauthier.

Histoire des théories de la communication, n° 174, Armand et Michèle Mattelart.

Histoire de la philosophie, n° 95, Christian Ruby.

Industrie des médias (L'), n° 439, Jean Gabszewicz et Nathalie Sonnac.

Introduction aux sciences de la communication, n° 245, Daniel Bougnoux.

Introduction aux *Cultural Studies*, n° 363, Armand Mattelart et Érik Neveu.

Marché de l'art contemporain (Le), n° 450, Nathalie Moureau et Dominique Sagot-Duvauroux.

Médias en France (Les), n° 374, Jean-Marie Charon.

Mondialisation de la culture (La), n° 260, Jean-Pierre Warnier.

Musée et muséologie, n° 433, Dominique Poulot.

Presse des jeunes (La), n° 334, Jean-Marie Charon.

Presse magazine (La), n° 264, Jean-Marie Charon.

Presse quotidienne (La), n° 188, Jean-Marie Charon.

Programmes audiovisuels (Les), n° 420, Benoît Danard et Remy Le Champion.

Psychanalyse (La), n° 168, Catherine Desprats-Péquignot.

Révolution numérique et industries culturelles, n° 408, Alain Le Diberder et Philippe Chantepie.

Sociologie du journalisme, n° 313, Erik Neveu.

Télévision (La), n° 405, Régine Chaniac et Jean-Pierre Jézéquel.

Tests d'intelligence (Les), n° 229, Michel Huteau et Jacques Lautrey.

Classiques

R E P È R E S

La formation du couple. *Textes essentiels pour la sociologie de la famille*, Michel Bozon et François Héran.

Un sociologue à l'usine, Donald Roy.

Dictionnaires

R E P È R E S

Dictionnaire de gestion, Élie Cohen.

Dictionnaire d'analyse économique, *microéconomie, macroéconomie, théorie des jeux, etc.*, Bernard Guerrien.

Guides

R E P È R E S

L'art de la thèse. *Comment préparer et rédiger un mémoire de master, une thèse de doctorat ou tout autre travail universitaire à l'ère du Net*, Michel Beaud.

Comment se fait l'histoire. *Pratiques et enjeux*, François Cadiou, Clarisse Coulomb, Anne Lemonde et Yves Santamaria.

La comparaison dans les sciences sociales. *Pratiques et méthodes*, Cécile Vigour.

Les ficelles du métier. *Comment conduire sa recherche en sciences sociales*, Howard S. Becker.

Guide de l'enquête de terrain, Stéphane Beaud et Florence Weber.

Guide des méthodes de l'archéologie, Jean-Paul Demoule, François Giligny, Anne Lehoërff et Alain Schnapp.

Guide du stage en entreprise, Michel Villette.

Manuel de journalisme. *Écrire pour le journal*, Yves Agnès.

Voir, comprendre, analyser les images, Laurent Gervereau.

Manuels

R E P È R E S

Comprendre le monde. *Une introduction à l'analyse des systèmes-monde*, Immanuel Wallerstein.

Analyse macroéconomique 1.

Analyse macroéconomique 2.

17 auteurs sous la direction de Jean-Olivier Hairault.

L'explosion de la communication. *Introduction aux théories et aux pratiques de la communication*, Philippe Breton et Serge Proulx.

Une histoire de la comptabilité nationale, André Vanoli.

Histoire de la psychologie en France. XIXe-XXe siècles, J. Carroy, A. Ohayon et R. Plas.

La mondialisation de l'économie. *Genèse et problèmes*, Jacques Adda.

Composition Facompo, Lisieux (Calvados)
Achevé d'imprimer en mai 2006 sur les presses de l'imprimerie
Europe Media Duplication à Lassay-les-Châteaux (Mayenne)
Dépôt légal du 1er tirage : août 2004
Suite du 1er tirage : mai 2006
N° de dossier : 15558
Imprimé en France